10,-

Heike Baum

Papa, spiel mit mir!

Heike Baum

Papa, spiel mit mir!

1000 tolle Ideen und Tipps

In Zusammenarbeit mit dem
Deutschen Kinderschutzbund

urania

Die Autorin: Heike Baum, geb. 1963, ist Spielpädagogin, Gruppendynamikerin und Supervisorin. Als freiberufliche Fortbildnerin leitet sie seit mehr als zehn Jahren pädagogische Seminare. Als Autorin ist sie bekannt durch ihre vielfältigen Veröffentlichungen von pädagogischen und spielpädagogischen Fachbüchern, die sich häufig innovativen und neuen Themen widmen, sowie durch ihre Brettspiele.

In Zusammenarbeit mit dem Deutschen Kinderschutzbund bei Urania:
Barbara Lorinser: So helfe ich unserem Kind durch die Scheidung. Mit den neuen gesetzlichen Bestimmungen zu Sorgerecht, Umgangsrecht und Unterhaltsregelung.
ISBN 3-332-01093-X
Heike Baum: Das richtige Spielzeug für die ersten fünf Jahre. ISBN 3-332-01249-5

Bibliografische Information: **Der Deutschen Bibliothek**
Die Deutsche Bibliothek verzeichnet diese Publikation in der Deutschen Nationalbibliografie; detaillierte bibliografische Daten sind im Internet über http://dnb.ddb.de abrufbar
ISBN 3-332-01135-9

www. dornier-verlage.de
www. urania-verlag.de
2. Auflage Dezember 2002

Der Urania Verlag ist ein Unternehmen der Verlagsgruppe Dornier.

Die Schreibweise entspricht den Regeln der neuen Rechtschreibung.

Umschlaggestaltung: Behrend und Buchholz, Hamburg
Titelfoto: The Stock Market, Steve Prezant
Fotos: Adobe Image Library (6), Creativ Collection (1), Digital Stock (4), Goodshoot (1), John Foxx (2), MEV (13), Photo Disc (5), Projekt Photos (2), Stockbyte (2), Werner Waldmann (1)
Redaktion: Dr. Magda Antonic
Satz und DTP: Karolina Stuhec Meglic
Eine Produktion von MediText, Stuttgart
Druck: Westermann Druck Zwickau
Printed in Germany

Vorwort

Was gibt es eigentlich Schöneres, als wenn es einem Erwachsenen gelingt, mit Kindern zu spielen, und wenn dabei alle Spaß und Freude empfinden und auf einer gemeinsamen Ebene in Kontakt treten. Die gemeinsame Ebene entsteht vor allem im Spiel, weil Über- und Unterordnung, Befehl und Gehorchen dem Wesen des Spiels fremd sind.

Kinder wollen und brauchen Spiele, die Spaß machen, die sie fördern und fordern, aber nicht überfordern. Und je jünger sie sind, umso mehr spielt der Spaß eine Rolle. Vätern den Blick dafür zu öffnen, zu zeigen, was sich beim Spiel abspielt, wie Kinder üblicherweise reagieren und wie das Ziel erreicht werden kann, nach Feierabend oder am Wochenende gemeinsam etwas für Seele und Körper, für Gemüt und für das gute Durchatmen getan zu haben, dafür steht die Autorin dieses Bandes, Heike Baum. Sie ist eine ausgewiesene Expertin und hervorragende Kennerin von Spielen und Spielsituationen.

Der Kinderschutzbund klagt und jammert nicht darüber, dass Kinder Väter brauchen und dass diese sich mehr kümmern müssten. Das ist inzwischen Allgemeingut. Viel wichtiger ist, auf sympathische, anregende und nicht bevormundende Art dazu beizutragen, die Beziehung zwischen Vätern und Kindern spielend zu intensivieren. Das leistet dieses Buch und das ist der Grund, warum es der Kinderschutzbund mitherausgibt.

Wir wünschen allen Lesern viel Spaß beim Ausprobieren. Sie werden sehen, vieles klappt besser und auch der Vaterstolz wird nicht zu kurz kommen.

Heinz Hilgers
Präsident des Deutschen Kinderschutzbundes

Inhalt

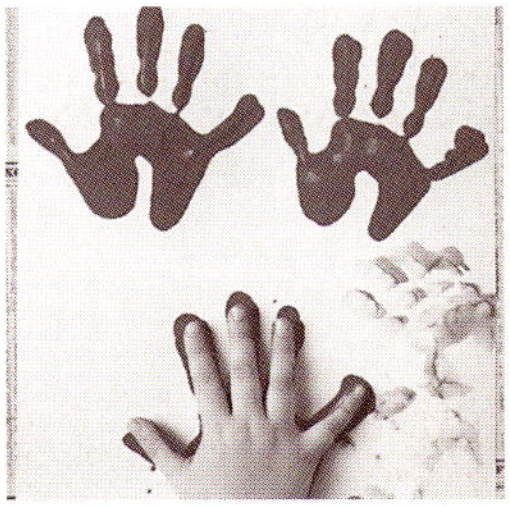

Zum Geleit

Vielleicht wundern Sie sich, wieso eine Frau ein Buch für Väter schreibt. Damit haben Sie auch Recht. Sicher wäre es schöner, es hätte sich ein Vater gefunden, der dieses Buch geschrieben hätte und aus seinen reichhaltigen Erfahrungen Ihnen hätte berichten können. Dieses Defizit habe ich versucht wettzumachen, indem ich im ersten Kapitel einen Vater selbst zu Wort habe kommen lassen. An dieser Stelle noch einmal herzlichen Dank an diesen Vater, der sich die Mühe gemacht und seine Erfahrungen aufgeschrieben hat.

Ich behaupte nicht, ich wäre der bessere Vater. Aber ich bin Spielpädagogin und kann Ihnen in diesem Buch eine Fülle von Spielen aufzeigen, mit denen Sie dann Ihre Erfahrungen mit Ihrem Kind oder Ihren Kindern machen können. Darüber hinaus habe ich durch meine langjährige Praxis und die dazugehörigen Weiterbildungen ein konkretes Bild von Erziehung, das an die neusten Ergebnisse der Entwicklungspsychologie anknüpft. Hier wird es am deutlichsten, dass ich als Frau dieses Buch schreibe. Ich kenne die Diskrepanzen der Frauen: Einerseits beschweren sie sich über die Abwesenheit der Männer in der Erziehung, andererseits kann es ihnen der jeweilige Vater nicht recht machen.

So möchte ich Ihnen mit diesem Buch Mut machen, Ihren eigenen Weg zu gehen und Ihre eigene Beziehung zu Ihren Kindern aufzubauen. Sind Sie dabei partnerschaftlich und bewusst im Umgang, legen Sie in den frühen Kindertagen bereits eine stabile Grundlage für die Beziehung auch in krisenhaften Zeiten. Nun wünsche ich Ihnen und Ihren Kindern beim Lesen und beim Spielen viel Spaß!

Heike Baum, im Sommer 2000

Von der Lust, Vater zu sein

Werner ist Vater von zwei Kindern und verheiratet, er schreibt über sein Vatersein: „noch kein Abstand / dicht an der Quelle / Haut an Haut / mit der Schöpfung / Kind zu Hause / in dem Geheimnis / zieh es nicht weg / lass es ruhen / nur eben noch / und es ist für immer / vorbei“.

Mein Vatersein

Am Anfang dieses Kapitels möchte ich gerne einen Vater zu Wort kommen lassen:

„Mein Name ist Werner Nuber, ich bin 32 Jahre alt und von Beruf Sozialpädagoge. Zusammen mit meiner Partnerin Gabi und unseren zwei Kindern Jonathan, drei Jahre, und Jolanda, ein Jahr, wohne ich in einer Dreizimmerwohnung in Süddeutschland.

Wir haben uns mehrere Jahre Gedanken gemacht, ob wir Kinder wollen, und wenn ja, wann der richtige Zeitpunkt dafür ist. Klar war, dass wir gerne Kinder zusammen hätten, Gabi wollte sie aber drei, vier Jahre früher. Für mich war dies zu früh, ich wollte mich erst – privat und beruflich – „leben". So warteten wir. Etwa mit 28 kam bei mir das „innere Okay" – es hat gleich geklappt.

Wir waren schwanger. Wir! Die Schwangerschaftszeit war eine sehr intensive Auseinandersetzungszeit für mich. Ich wollte Vater sein, brauchte aber auch die Zeit, mich darauf einzustellen. Neun Monate war die richtige Zeitspanne für mich. Ich las mich ein – ließ es bei mir setzen. Wir besuchten gemeinsam einen Säuglingspflegekurs – sechs Abende Einstimmung aufs Elternsein. Ich schliff tagelang den Lack eines Kinderbettes ab, lackierte es neu – Vatersein nahm Gestalt an, Geburtsvorbereitung, Krankenhausauswahl, Urlaubsorganisation – es wurde konkret. Die Beziehung verwandelte sich von der Zweierpartnerschaft zur Familienpartnerschaft. Gabi war jetzt neben Partnerin auch werdende Mutter. Sie ließ mich an ihren Gefühlen, ihrem Erleben teilhaben und hatte auch Raum für meine Erlebniswelt. Dies war wichtig, um nicht ein Gefühl zu verfestigen, keinen Platz mehr zu haben, rauszurutschen oder nur das fünfte Rad am Wagen zu sein. Trotzdem stand Gabi natürlich im Vordergrund. Meine Rolle war

Ganz langsam verändern sich die Rollenbilder in unserer Gesellschaft.

passiver. Bei mir veränderte sich im Lauf der Monate enorm viel. Die Werteskala drehte sich. Vatersein wurde das Allerwichtigste. Beruflicher Erfolg und Verwirklichungsbedürfnisse verblassten. Freizeitinteressen wurden unwichtiger. Ich erstellte eine Prioritätenliste und strich einiges mir zuvor wichtig Erscheinende heraus, mein Politik- und Berufspädagogikstudium, das ich neben dem Beruf an der Uni in Stuttgart belegte, beendete ich vorzeitig.

Einig waren wir uns von vornherein, dass wir uns die Kindererziehung teilen wollten. Entsprechend nahm ich eine Teilzeitbeschäftigung (50%) in einer Drogenberatungsstelle an. Meine vorherige Stelle brachte ich zum Abschluss (da war Jonathan schon geboren). Gabi konnte ihre Stelle behalten, da sie bereits davor eine 75%- Stelle hatte.

Es war alles unglaublich intensiv.

Jonathans Geburt war sehr lange und schwer. Unglaublich! Wir waren in einer anthroposophischen Klinik und wollten ambulant entbinden. Ich konnte mir nicht vorstellen, dass wir uns nach einem solchen gemeinsamen Erlebnis ein paar Tage trennen sollten. Die Klinik wollte Gabi aufgrund Schwere der Geburt und des Schwächezustands nicht heimgehen lassen. Total erschöpft und doch überglücklich wollten wir aber beisammen sein. Es war alles unglaublich intensiv, existenziell, unfassbar, verbindend. Abends holte ich Gabi und Jonathan nach Hause. Beide waren sehr erschöpft. Ich wurde zum Wochenbettmanager. Wickeln, den weinenden Jonathan tragen, Hebamme (kam täglich) empfangen, Gabi pflegen (sie musste im Bett bleiben), Haushalt, Frauenärztin und Kinderarzt bestellen, empfangen, Besuch abwimmeln bzw. kontrolliert zulassen. Freunde kauften uns ein, da ich die beiden nicht längere Zeit allein lassen konnte. Wir waren auf einer Insel und in einer Höhle zugleich. Wir hatten uns. Wir hatten ein unbeschreibliches gemeinsames Erleben. Alles andere verschwand, war unwichtig, zweitrangig. Draußen war Hochsommer, wir nahmen ihn nicht wahr. Politik und Sonstiges, ach so Wichtiges gab es nicht. Und in allem waren wir unendlich erschöpft, kurz vor dem Zusammenbruch. Das Höhlen-Insel-Sein dauerte etwa zehn Tage, dann begann sich die Welt wieder langsam zu öffnen. Nach sechs Wochen ging ich stundenweise wieder zur Arbeit. Gabi nach der Mutterschutzzeit. Einer von uns war immer bei den Kindern zu Hause, der andere bei der Arbeit.

Spätestens seit diesen Erlebnissen war ich in meine Vaterrolle hineingewachsen. Ich fühlte mich ganz tief verantwortlich. Jonathan braucht mich – ich muss ihm Schutz geben, für ihn sorgen. Von Beginn an entwickelte sich eine eigenständige Beziehung zwischen Jonathan und mir, später ebenso zwischen Jolanda und mir. Im ersten Jahr war Gabi für beide die emotional engere Bezugsperson. Mein Part war zu Beginn (insbesondere während der Stillzeit der ersten sechs, acht Monate), die zweite, etwas andere Bezugsperson zu sein. Aber ich war wichtig. Sie brauchen mich. Bestimmte Sachen klappten bei mir auch besser als bei Gabi – ich konnte Jonathan problemloser zum Schlafen bringen. Nachts war er bei mir schneller ruhig. Gekreischt und gelacht wurde mehr bei mir. Schnell entwickelte sich eine tiefe emotionale Bindung. Als ich einmal im ersten Jahr von Jonathan beruflich drei Tage wegmusste, fiel mir dies schwer. Durch unsere gemeinsame Teilhabe an Beruf, Haushalt und Kindern hat jeder von uns seinen Part problemlos bekommen. Gabi und ich tauschen uns oft amüsiert aus, welches Kind was bei wem macht.

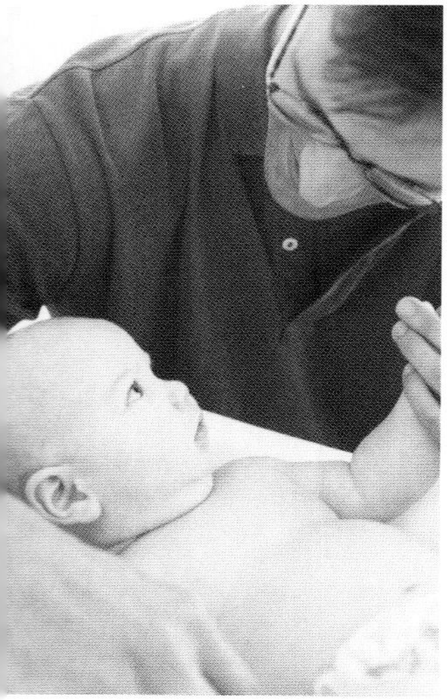

Gabi ist immer noch mehr Ansprechpartnerin bei den „weichen" Bedürfnissen wie Schnuffeln, Trösten. Ich bin mehr bei Aktivitäten, Ausflügen, Besuchen, Spielgruppe, Spielplatz gefragt. Insgesamt sind unsere Stile, wie wir mit den Kindern umgehen und wie die Kinder mit uns umgehen, sehr ähnlich. Wir tauschen uns täglich über unsere Kinder aus. Wir stehen nicht in Konkurrenz. Wir freuen uns beide, dass dieses Sharing-Modell so gut funktioniert; jeder ist bei den Kindern und jeder von uns hat noch eine Welt außerhalb, für sich. Ich kann mir derzeit nicht vorstellen, ganz berufstätig zu sein. Ich hätte Angst, etwas von den Kindern zu verpassen, zu weit weg zu sein. Ich weiß, ich würde es später bereuen. Die Jahre, in denen die Kinder so fest auf einen bezogen sind, in denen man für die Kinder so unglaublich wichtig ist, wären unwiderruflich verloren! Ebenso kann ich mir aber auch nur schwer vorstellen, ganz daheim zu bleiben. Die Welt wäre mir zu klein. Die Decke zu nah am Kopf. Die Kinder würden mich schneller nerven. Ich wäre unzufriedener, hätte weniger Freude am Vatersein.

Ich kann mir derzeit nicht vorstellen, ganz berufstätig zu sein.

Die Vorbereitung auf Jolandas Geburt stimmte mich wieder neu ein: Sonderurlaub beantragen, das Kinderzimmer neu gestrichen, Geburtsvorbereitungskurs, Auffrischung dessen, was mit einem Neugeborenen auf uns zukommt, viele Gespräche mit Gabi über die Geburtserlebnisse von Jonathan, mit Freunden und Freundinnen absprechen, was sie uns abnehmen können. Jolandas Geburt war kurz. Das Grunderleben wiederholte sich. Das Höhlen-Insel-Gefühl war jedoch nicht mehr so stark. Jonathan brauchte gerade in dieser Zeit viel Zuwendung, um nicht zu kurz zu kommen, sondern im Familiengeschehen integriert zu sein. Hier war ich als Vater gefordert. Ein schönes Gefühl, ihn durch diese Wandel-/Krisensituation erfolgreich begleitet zu haben.

Jolanda ist ein eigener Mensch, mit eigenen Fähigkeiten, Entwicklungen, Vorlieben. Entsprechend entwickelt sich eine ganz individuelle Beziehung zwischen uns beiden. Diese erscheint mir jedoch unabhängig vom Geschlecht zu sein. Vielleicht ändert sich dies aber noch. Derzeit jedenfalls spielt es in unserer Beziehung eine sehr untergeordnete Rolle, dass sie ein Mädchen ist.

Schön ist, dass wir es geschafft haben, neben unserem Vater- und Muttersein Partner und Partnerin zu bleiben bzw. uns wieder zu entdecken. Dank einer Freundin, die Patin der Kinder ist und einen engen Bezug zu den Kindern hat (wöchentlicher Kontakt), können wir zwischenzeitlich auch immer mal wieder einen Abend nur für uns verbringen. Ein neues Erleben.

Jede Zeit, jedes Alter mit den Kindern ist anders, aber erlebenswert. Alles fließt. Das erste halbe Jahr empfand ich bei beiden Kindern als sehr anstrengend. Keine Nacht durchschlafen, das geht an die Substanz. Ich bin froh – so erlebnisintensiv diese Zeiten auch waren –, dass die Kinder diese Rundumfürsorge jetzt nicht mehr so intensiv brauchen.

Leben mit den Kindern ist oft anstrengend, aber es ist wie eine tägliche Liebeserklärung – es ist Poesie.

Mein Leben hat sich durch die Kinder grundlegend verändert. Mein Leben ist „kleinräumlicher“, „innerlicher“, ruhiger geworden. Vor allem aber ist alles fantasievoller: Unsere Wohnung besteht zurzeit nahezu ausschließlich aus Doppeldeckerzügen und jedes Bett ist ein Schiff; Traumfeen und Herr Mondel begleiten die Nacht, manchmal sind sie aber auch im Urlaub. Die Sonne geht schlafen und Hase Hannah bekommt Windeln und wird gestillt. Suppenerbsen sind Pommes und der Mülleimer ist Fritteuse. Das Leben hat unendlich viele Zwischenwelten.

Meine Vision fürs Vatersein

Alle Eltern können sich ihr Elternsein so aufteilen, wie es ihren Bedürfnissen und Vorstellungen entspricht. Der Anspruch auf Teilzeitarbeit ist für die Eltern die ersten zwölf Jahre rechtlich abgesichert und die Aufteilung flexibel gestaltbar. So können die Mütter relativ schnell wieder ins Berufsleben, scheiden also nicht endgültig aus, haben die Chance, Bestätigung und Erfahrungen über das Muttersein hinaus zu bekommen, die Väter haben hingegen die Möglichkeit, Zeit für ihre Kinder zu haben, Beziehungen aufzubauen, eine eigenständige Rolle als Vater zu entwickeln (nicht nur die Ernährerrolle), ihren eigenen Erziehungsstil zu erproben. Sie laufen entsprechend nicht Gefahr, durch die Mutter-Kind-Bindung aus dem Familienbeziehungsgeflecht herauszurutschen.

Väter haben Lust auf ihr Vatersein. Väter sehen die Wichtigkeit eines Vaters für die Kinder. Die „vaterlose Gesellschaft" bekommt wieder mehr erlebbare, fassbare Vätern.

So weit also Werner, dem ich an dieser Stelle noch einmal herzlich danken möchte.

Warum sind Väter für Kinder so wichtig?

Seit vielen Jahren steht das Vatersein immer wieder im Mittelpunkt der Forschung. Nun wird deutlich, dass das Bild vom Vater in einem Wandel begriffen ist. Das liegt vor allem daran, dass es immer mehr Väter gibt, die sich ein Babyjahr nehmen oder sogar ganz als Hausmänner zu Hause bleiben. Wie immer bei solchen Veränderungen dauert es aber wesentlich länger, bis sich Veränderungen wie diese als akzeptierte Lebensmöglichkeit in den allgemeinen Vorstellungen von unserer Gesellschaft wieder finden.

Männer, die sich Zeit für ihre Kinder nehmen, bekommen immer noch mitleidige oder spöttische Blicke zugeworfen. Der berühmte Karriereknick, den bisher nur Frauen ertrugen, nehmen nun auch Männer in Kauf. Da wird boshaft schon mal von einer Memme gesprochen oder davon, dass „mann" sich den beruflichen Aufstieg nicht zutraut und deshalb auf den Haushalt zurückgreift. Hier gibt es noch viel zu tun und es ist dringend notwendig, dass auch die Männer Öffentlichkeitsarbeit leisten, um ihre eigenen Vorstellungen vom Leben in einer Familie in dieser Gesellschaft durchzusetzen.

Väter gehen anders mit ihren Kindern um, als dies Mütter tun.

Es ist immer noch nicht einzusehen, warum sich Firmen nicht darauf einstellen können, dass sowohl Väter als auch Mütter ihren Erziehungsurlaub nehmen und danach wieder an der eigenen Karriere arbeiten.

In den letzten Jahren wurde immer wieder Forschung im Bereich der Vater-Kind-Beziehung betrieben. Dass der Vater im Leben eines Kindes wichtig ist, das wusste man schon. Nun wurde die Qualität der Beziehung untersucht. Väter gehen anders mit den eigenen Kindern um als Mütter. Vor allem in traditionellen Familien, in denen die Mutter zu Hause bleibt, unterscheidet sich der Umgang mit dem Kind sehr. Die Mutter ist viel mit der Pflege und Versorgung des Kindes beschäftigt. Sie kümmert sich darum, dass es dem Kind gut geht. Der Vater hat diesen Teil in aller Regel nicht zu erfüllen. Wenn er abends nach Hause kommt, freut er sich, das Kind zu sehen. Das Kind spürt dies und es tut ihm besonders gut, vom Vater die Wertschätzung zu erhalten, die es von der durch den Alltag in Anspruch genommenen Mutter oft nicht erhält.

Väter schätzen ihre Kinder in der Regel als robuster ein. Sie spielen die wilderen Spiele, toben mehr, sind oft auch lauter. Das sind Reize, die besonders ein Kleinkind braucht, um die ganz Palette des Menschseins zu erfahren. Leise und laute Töne, zärtliches Streicheln und wildes Toben, Freiheit und Grenzen.

Erstaunlich fand ich das Ergebnis, dass Kinder bereits im Babyalter unterschiedliche Reize an verschiedene Bezugspersonen aussenden.

Das bedeutet: Sie fordern den Vater auf, Action zu machen. Sie stimulieren ihn mit ihrem Lachen und Kreischen.

Gerade weil Kinder ihren eigenen Umgang mit dem Vater haben wollen, sollten sich Väter ihren eigenen Umgang mit dem Kind erhalten und weiterentwickeln. Die Mutter und der Vater übernehmen ihren Teil, die beide gleich wichtig sind.

Natürlich stimmt es selten, dass der ein Elternteil nur so ist und der andere das Gegenteil. Trotzdem sind Nuancen erkennbar. Es gibt oft unterschiedliche Ansichten bei Eltern, z. B. wie ein Kind gefüttert werden soll. Dabei gehen die Erwachsenen davon aus, dass Kinder immer gleich behandelt werden wollen. Dem ist aber nicht so. Kinder spüren sehr deutlich, wenn die Eltern erschöpft oder traurig sind. Warum soll sich dieses Gefühl nicht auch in den gemeinsamen Aktivitäten ausdrücken? Ebenso spüren die Kinder den festeren Griff des Vaters, warum also soll er dann nicht auch eine andere Art haben, das Kind ins Bett zu bringen oder die Windeln zu wechseln. An dieser Stelle müssen meines Erachtens Väter lernen, sich gegen die Mütter durchzusetzen. Elternschaft bedeutet nicht, immer das Gleiche denken und tun zu müssen, wenn es um die Kinder geht.

Kinder brauchen beide Geschlechter als Bezugspersonen. Mädchen und Jungen brauchen Anerkennung auf unterschiedlichen Ebenen.

Kinder haben idealerweise zwei Bezugspersonen, auch wenn diese nicht in einem Haushalt leben. Dabei ist es egal, ob der Vater oder die Mutter zu Hause ist. Wichtig sind diese zwei Menschen, weil sie dem Kind die Möglichkeit geben, sich abzugrenzen und sich zu identifizieren. Ein Junge wird sehr genau darauf achten, was sein Vater macht, wie er mit seiner Lebenspartnerin umgeht usw. Er wird bei aller Eifersucht, die er manchmal seinem Vater gegenüber verspürt, weil dieser zur Mutter eine Liebesbeziehung hat, die er in dieser Weise nicht haben kann, den Vater trotzdem als Vorbild nehmen. Das geschieht dadurch, dass er versucht, verschiedene Verhaltensweisen nachzuahmen oder auch genau das Gegenteil zu machen. Die Tochter sucht die Identifikation eher mit der Mutter, möchte aber natürlich vom Vater genauso geliebt werden, wie sie es bei der Mutter erlebt. Deshalb ist es wichtig, den Töchtern Anerkennung zu geben, es wird ihr Selbstwertgefühl stabilisieren und sie werden sich später in Beziehungen zu Männern sicherer fühlen.

Natürlich ist auch die Anerkennung für die Jungen wichtig, auf diesen Aspekt werde ich noch eingehen.

Es ist wichtig, dass der Vater in der Tochter von Anfang an auch die Frau sieht, die sie einmal werden wird und die er dann bewundern kann. Es darf nicht nur das Wohlverhalten der typischen Mädchenattribute, wie im Haushalt helfen, gelobt werden. Es geht nicht nur darum gut, zu lernen und fleißig zu sein. Auf diese (und vielleicht noch ein paar mehr) Attribute werden Mädchen seit Generationen reduziert. Es ist an der Zeit, dass die Emanzipation von Mädchen und Jungen in die Erziehung mit einfließt. Mädchen wollen Achtung für ihre innere Stärke, für ihre Durchsetzungskraft, ihr Frechsein. Dafür, dass sie sich selbst leben und zeigen können, ohne sich verstecken zu müssen.

Das bedeutet natürlich umgekehrt dasselbe für die Jungen. Söhne haben auch Schmerzen und diese müssen genauso ernst genommen werden wie bei einer Tochter. Es ist immer wieder festgestellt worden, dass Jungen vor allem für ihre Stärke Anerkennung von Vätern bekommen. Die Schwierigkeit tritt auf, wenn die Jungen außerhalb des Elternhauses sind, wo diese Leistung allein nicht mehr zählt. Jungen sind dann häufig mit vielen Ängsten konfrontiert, haben keine Verhaltensmuster kennen gelernt, um solchen Situationen gewachsen zu sein. Deshalb ist es wichtig, Söhne anzuhalten, über ihre Gefühle zu reden, sie auch einmal zu loben, wenn sie sich nicht durchsetzen und zu ihren schwächeren Seiten stehen.

Das Wesentliche in der Erziehung ist jedoch der Umgang mit Kindern. Sie als vollwertige und gleichberechtigte Partner zu sehen bedeutet, ihnen von Anfang an Respekt entgegenzubringen und an ihre eigene Kraft und Kreativität zu glauben. Kinder wissen nämlich besser, was sie brauchen, als ein Erwachsener. Der Vater weiß nicht, ob das Essen ihnen

schmeckt oder nicht, er weiß auch nicht, ob das Essen für sie zu heiß ist.

Wenn wir bedenken, wie unterschiedlich wir Erwachsenen oft Situationen wahrnehmen, dann ist doch klar, dass dies bei Kindern auch so ist. Kinder sollen lernen, dass sie sich auf jeden Fall auf ihre Gefühle verlassen können. Gefühle stimmen immer, vielleicht nicht für das Gegenüber, aber für einen selbst. Das ist vermutlich die wichtigste Voraussetzung für eine gesunde Entwicklung eines Kindes. Darüber hinaus beugt es allen möglichen Gefährdungen vor. In den Kindergärten und Schulen werden heute im Rahmen der Suchtvorbeugung oder der Vorbeugung von sexuellem Missbrauch vor allem Übungen gemacht, bei denen Kinder lernen, ein gutes Gefühl zu ihrem Körper zu entwickeln und ihren Gefühlen zu trauen. Das bedeutet in der konkreten Situation, dass ein Kind spürt, wie schlecht das Rauchen für es ist und es nach der ersten Zigarette vielleicht sein lässt. Oder aber auch, dass es sich wehrt, wenn ein anderer Mensch es belästigt, weil es weiß, dass es ein Recht auf ihm angenehme Körpergefühle hat und sich wehren darf, wenn dem nicht so ist.

Für die Zukunft liegt es in großem Maße an den Vätern, ihren Kindern Vorbild zu sein und in der Beziehung mit ihren Kindern Partnerschaft und Respekt zu leben. Dann wird sich in deren Generation vielleicht die Gesellschaft öffnen können für neue individuelle Lebenswege, die der Zeit und vor allem den Menschen gerecht werden.

Wie Kinder spielend lernen

Das Wissen um entwicklungspsychologische Aspekte dient dazu, die Kinder in den einzelnen Phasen besser zu verstehen und die geeigneten Spielformen anzubieten. Dabei ist es wichtig zu verstehen, dass Kinder sich unterschiedlich entwickeln. So können sie nur als durchschnittliche Zeitangaben betrachtet werden.

Babys spielen bereits vom ersten Tag an, mit sich und ihrer Umwelt. Die Spiele sind nicht so komplex wie die Spiele älterer Kinder. Aber sie haben für die Kinder bereits eine entspannende oder auch anspannende Funktion. Dabei sind Babys in den ersten Tagen vor allem damit beschäftigt, ihre neue unmittelbare und noch kleine Welt zu entdecken. Aber auch dies geht spielerisch.

Die Babys reizen die Väter, sie hochzunehmen und ein wenig wilder zu schaukeln, als es die Mutter tut. Sie beginnen zu lachen oder die Augen fangen an zu strahlen. Und der Vater verstärkt automatisch die Bewegung. Damit ist der Kontakt hergestellt. Gemeinsam Spaß zu haben gilt wie ein stilles Abkommen zwischen vielen Vätern und ihren Kindern. So wird das Kind nicht mehr nur gewickelt, es wird gestreichelt, geknufft, auf den Bauch geküsst und so weiter. Alles, was das Kind zum Lachen und später zum Kreischen bringt, wird der Vater immer wieder mit Begeisterung machen.

So bleiben die gemeinsamen Spiele zwischen Kind und Vater in den ersten drei Monaten in erster Linie auf das sinnliche Körpererleben des Kindes reduziert. Die Themen für das Kind kreisen um Wahrnehmung der engeren Umgebung und sich selbst, das Entwickeln eines ersten Körpergefühls. Das Kind entdeckt zum Beispiel, wenn es auf die eigene Hand beißt, dass diese zu ihm gehört, da es den Biss selbst spürt. So lernt das Kind in den ersten Monaten, vor allem die Sinne zu fördern.

Dementsprechend eignen sich Spielformen, die die Sinne anregen. Dazu gehören Lichtspiele (es zum Beispiel an- und auszumachen), Klangspiele, Streicheln, Singen, Wärme und Kälte, unterschiedliche Stoffe erlebbar machen, Mobiles und

Das Kleinkind experimentiert mit allem, was ihm in die Finger kommt.

im Mund mit Zunge und Spucke spielen. Kinder können in diesem Alter ihre Aufmerksamkeit immer nur für kurze Zeit auf etwas lenken. Geräusche und Bewegungen im Raum lenken sie schnell ab. So sollten sich Väter auf kurze Intervalle von etwa 10 Minuten einstellen.

Bereits ab dem 4. Monat erweitert sich das Repertoire um vieles. Die Kinder können bald selbstständig sitzen und damit wird eine Menge möglich. Funktionsspiele wie einen Ball rollen oder mit Klangstäben spielen und selbst Geräusche machen mit unterschiedlichen Materialien. Klopfen und Schlagen, Stecken und Ziehen, Drehen von Gegenständen und so weiter. Gegenstände werden fallen gelassen und das Kind wartet darauf, dass sie vom Vater aufgehoben werden. Es erlebt zum ersten Mal bewusst, dass es etwas in Bewegung bringen kann. Hinzu kommen die bekannten Spiele wie „Kuckuck dada“, Krabbelspiele, Kitzelspiele, Singspiel und jede Menge Körperkontakt. Geleitet wird das Kind dabei von seinem geweckten Interesse. Aktion und Reaktion stehen im Mittelpunkt seiner Spiele. Das Kleinkind experimentiert mit allem, was ihm in die Finger kommt. Nicht ohne es vorher in den Mund zu stecken. Das Kind verbindet das Äußere mit dem Inneren. Es verleibt sich sozusagen die Dinge ein, damit sie ihm vertraut werden.

Dabei sucht es Schutz und Geborgenheit, es entwickelt Vertrauen. Es ist eine Zeit, in der das Kind psychisch große Schritte macht. Es begreift ganz allmählich, dass es ohne die Mutter existieren kann. Bisher hat es geglaubt, nur durch sie und mir ihr leben zu können. Jetzt fängt es an zu begreifen, dass die Mutter und es selbst zwei Menschen sind, unabhängig voneinander trotz aller Abhängigkeit. Das macht dem Kind Angst und es versucht andere Möglichkeiten der Sicherheit zu schaffen. So wird das Kuscheltier als Ersatz für die Mutter festgehalten, damit dieses das Kind beschützt.

Die Konzentration auf eine Tätigkeit oder einen Reiz beginnt dem Kind etwas besser zu gelingen. Trotzdem sind Kinder nach einer Viertelstunde „satt“. Sie brauchen danach Zeit, um für sich allein das Erlebte zu verarbeiten oder die neu gelernte Fähigkeit für sich selbst zu üben.

Die Zeit ab dem 12. Monat ist für das Kind beherrscht von der Frage, wann es endlich seine eigenen Schritte allein tun kann. Es wird versuchen, die Muskeln zu trainieren und bestimmte einfache Handlungsabläufe immer wieder zu üben. Die Sprache entwickelt sich weiter und ein erstes soziales Verhalten kann bei den Kindern entdeckt werden. Sie sind darauf aus zu verstehen, was Ursache und Wirkung sind, vor allem wenn sie selbst etwas verursachen. Damit sie die Dinge besser verstehen können und die Fähigkeiten verfeinern, wird alles endlos wiederholt. Dabei geht es nicht nur um die fein- oder grobmotorischen Fähigkeiten, sondern auch um Umgangsformen und die Sprache.

Besonders beliebt sind in diesem Alter Spiele, welche mit Wasser zu tun haben. Füllen und leeren von Eimern, planschen, blubbern im Wasser, Gegenstände hineinfallen lassen und so weiter. Interessant werden nun auch die Kugelbahn, Bauklötze und das Werfen von allen Gegenständen, wenn einmal kein Ball zur Hand ist. Die Kinder sind nun so weit, dass sie sich auf etwas konzentrieren können, ohne von jeder Bewegung und von jedem Geräusch abgelenkt zu werden. Besonders wenn sie in ein Spiel mit sich selbst versunken sind, nehmen sie ihre Umgebung kaum wahr. Wenn ein Vater eine Spielzeit plant, sollte er von ungefähr einer halben Stunde ausgehen.

Im zweiten Lebensjahr beginnen die Kinder zu verstehen, was „mein“ und „wir“ bedeutet.

Im zweiten Lebensjahr beginnen die Kinder zu verstehen, was mein und nein bedeutet. Dabei erleben sie einen Machtrausch, da sie endlich etwas den Erwachsenen entgegenzusetzen haben. Das Kind lernt nun, eigene Grenzen zu setzen.

Sie haben ein starkes Revier- und Besitzverhalten und schützen zum Beispiel ihre Spielsachen vor dem Zugriff anderer Kinder. Die unmittelbare Umgebung wird erforscht und das Kind beginnt eigenständige Beziehungen aufzubauen. Die Sprache wird verfeinert, das soziale Verhalten geübt und das Verhalten der Umwelt findet sich im Spiel des Kindes wieder. Beim Üben von fein- und grobmotorischen Fähigkeiten beginnt das Kind, ergebnisorientiert zu handeln. Es sind nicht mehr Versuch und Irrtum, die es leiten, sondern das systematische Vorgehen, um einem Ziel näher zu kommen.

Spielen wird es in dieser Zeit gerne mit dem Ball, fangen und werfen oder auch auftitschen lassen und wieder auffangen. Balancieren ist wichtig. In Rollenspielen werden fiktive Darstellungen gezeigt. So verwandelt sich der Stein in einen Löwen und so weiter. Das Kind beginnt mit viel Ausdauer zu üben und sich Techniken beizubringen. So kann der Vater nun Spielprogramme entwickeln, die sich bis zu einer Stunde hinziehen können.

Ab dem dritten Lebensjahr werden die eigenen Gefühle im Spiel gelebt, gespürt und ausprobiert. Andere Persönlichkeiten werden in ihrer Unterschiedlichkeit wahrgenommen. Kinder lernen in dieser Zeit, was anderen Freude macht, und sind bemüht, dies immer wieder dem anderen zur Verfügung zu stellen. Die kleine Welt wird vergrößert, indem die Kinder zum Beispiel in den Kindergarten gehen. Sie sind neugierig, haben aber auch unterschiedliche Ängste und fallen dann manchmal in ein Verhalten zurück, das ihrem Alter nicht angemessen zu sein scheint. Dabei versuchen die Kinder wieder die alten Sicherheiten zu spüren. Wenn die Erwachsenen auf dieses Bedürfnis verstehend und einfühlsam reagieren, wird der Rückzug bald vorbei sein. Die Kinder lernen in diese Zeit, für sich selbst Psychohygiene zu betreiben. Sie ziehen sich zurück, wenn es ihnen zu viel wird, und spielen die Angst im

Rollenspiel von der Seele. Kooperation wird möglich und die Spiele erhalten Regeln und eine Struktur. Die Kinder erleben gewinnen und verlieren und sie können nun warten, bis sie an der Reihe sind. Basteln und Malen sind in dieser Zeit ungeheuer wichtig. Das Gestalten von unterschiedlichen Materialien gibt dem Kind das Gefühl, Schöpfer zu sein, das Leben im übertragenen Sinne gestalten zu können. Die Spiele werden komplexer, was besonders bei den Rollenspielen zu beobachten ist. Sie spielen gerne mit mehreren Kindern – so werden nun einfache Kreis- und Ballspiele möglich. Wenn ein Vater zum Beispiel einen Geburtstag vorbereitet, kann er das Programm für zwei Stunden vorbereiten, wenn er den Kindern zwischendrin Zeit gibt, sich zu entspannen – zum Beispiel beim Essen oder dem freien Spielen.

Mit fünf Jahren können die Kinder komplexere Aufgaben erfassen, sie können selbstständig erfüllt werden. Schulische Inhalte gelangen ins Blickfeld des Kindes. Sie haben ein starkes Bestreben nach Selbstständigkeit und Selbstbestimmung. Sie betrachten die eigene Kompetenz und stellen selbstkritische Fragen. Kinder in diesem Alter fragen sich: Wer bin ich? Wie finden die anderen mich? Kann ich das genauso gut? Und so weiter.

Kinder von fünf, sechs Jahren wollen gar nicht so viel mit den Eltern unternehmen.

Im gemeinsamen Spiel beginnen die Kinder, sich die Aufgaben aufzuteilen. Es wird gemeinsam verhandelt und besprochen, wie etwas gemacht werden soll. Das Planen nimmt einen immer größeren Raum ein und ist bereits Teil des Spiels. Beschäftigen wird sich das Kind in dieser Zeit mit malen, schneiden, schnitzen, nähen. Steckspiele sind interessant und im Memory sind sie unschlagbar. Ballspiele, Fangspiele, Versteckspiele, Reaktionsspiele werden vor allem mit anderen gespielt. Dabei kann schon mal ein ganzer Mittag gemeinsam von den Kindern gestaltet werden. Das Spiel mit dem Feuer, mit Messern und andere Abenteuerspiele ziehen Kinder diesen Alters magisch an. Kinder wollen in dieser Periode viel mit den Freunden und wenig mit den Eltern machen. Es ist eine wichtige Zeit der Ablösung. Trotzdem freuen sie sich über einen Aktionstag mit dem Vater, der etwas Besonderes bereithält, beispielsweise eine Geburtstagsfeier ganz unter ihrem Wunschmotto oder ein schönes Brettspiel mit der ganzen Familie.

Mit dem siebten Lebensjahr beginnt für das Kind eine Zeit des Perfektionismus. Es über Bewegungsabläufe ohne Unterlass und leidet sehr unter einem gemachten Fehler. Schulische Themen sind wichtig, aber auch Fragen der Gerechtigkeit und der Selbstreflexion. Wer bin ich? Wer will ich sein und werden? Bewusst werden Regeln, Umgangsformen, Normen und Werte übernommen, wenn ihr Sinn dem Kind einleuchtet. Die Kinder sind auf der Suche nach einem stabilen Freundeskreis, der die bisher erlebte Sicherheit in der Familie mit übernimmt. Geliebt werden vor allem Bewegungsspiele. Dazu gehören Regelspiele wie z. B. Fußball, aber auch Seilspringen, Gummihüpfen, Hüpfspiele und so weiter. Ratespiele und Schreibspiele stehen wegen der erst noch neu erlernten Fähigkeiten hoch im Kurs. Kommunikationsspiele sowie komplexere Brett- und Kartenspiele können erlernt werden. Das Abenteuer zieht die Kinder in diesem Alter immer noch an. Dabei kennen sie sehr wohl die eigenen Grenzen und achten auf die eigene Sicherheit.

Zum Umgang mit diesem Buch

Die Spiele sind mit einer Übersicht über Alter, Material und Zeitaufwand versehen.

Ich habe alle Spiele in diesem Buch mit einer kleinen Übersicht versehen. Sie erfahren auf einen Blick, wie alt ihr Kind sein sollte und welches Material Sie für das Spiel benötigen. Dabei ist es wichtig zu sehen, dass die Altersangaben einem durchschnittlichen Erfahrungswert entsprechen. Kinder entwickeln sich vor allem in den ersten Lebensjahren sehr unterschiedlich. Sie selbst wissen von daher am besten, was Ihr Kind kann und mit welchen Spielen Sie noch etwas warten müssen.

Die Altersangabe ist darüber hinaus nur die untere Grenze. Viele der Spiele machen auch wesentlich älteren Kindern noch Spaß. Manchmal bedarf es nur einer kleinen Änderung, um dem Spiel eine größere Anforderung zu geben. Fühlen Sie sich frei, mit den Ideen zu experimentieren und die Spiele weiterzuentwickeln.

Achten Sie immer auch auf die Sicherheit Ihres Kindes; Sie selbst wissen am besten, was es bereits leisten kann.

Alle Spiele sind mit kleinen Kindern gespielt worden, trotzdem sollten Sie selbst immer „ein Auge auf die Sicherheit der Kinder haben“. Achten Sie vor allem auf mögliche Allergien, die auftreten könnten. Wenn Sie wissen, dass Ihr Kind bestimmte Lebensmittel nicht verträgt, lassen Sie diese in den entsprechenden Spielen weg.

Für Ihr eigenes Wohlbefinden gewöhnen Sie sich an, entweder direkt auf dem Boden sitzend mit Ihrem Kind zu spielen, oder benutzen Sie einen Esstisch dazu. Wenn ein Kind auf dem Tisch sitzt oder steht, hat es eine „rückenschonende Höhe“ für Sie. Ein Tisch ist ein Möbelstück, das benutzt werden kann, auch weit über das Essen hinaus!

So, und nun kann der Spielspaß losgehen.
Viel Vergnügen!

Hansdampf in allen Gassen

Probieren Sie aus, was Ihnen in den Sinn kommt; Ihr Kind wird Ihnen deutlich zeigen, was Spaß macht und was nicht, auch wenn es noch nicht sprechen kann. Wenn das Kind älter wird, probieren Sie Variationen aus, die den Schwierigkeitsgrad für das Kind erhöhen.

Bewegte und Bewegungsspiele

Genau die kleinen Bewegungsimpulse machen Kinder im Alter ab einem Jahr besonderen Spaß, probieren Sie von Zeit zu Zeit neue Variationen der genannten Spiele aus.

Wilde Spiele finden Kinder besonders toll. Vor allem dann, wenn sie wach sind und voller Tatendrang stecken. Dabei sind die klassischen Spiele für ganz kleine Kinder weitgehend bekannt, sodass ich sie hier nicht extra erklären werde. Erwähnt seien sie aber trotzdem. Es handelt sich um das Hochwerfen des Kindes, das anschließend aufgefangen wird, oder auch um das klassische „Flugzeugfliegen“, bei dem das Kind unter der Schulter angefasst wird und der Vater sich immer schneller werdend im Kreis dreht. Kinder im ersten Jahr lieben es, wenn sie in Bewegung gebracht werden. Natürlich sollten Sie dabei auf die Sicherheit achten, aber seien Sie auch nicht übervorsichtig!

Papa, lauf

Wenn Kinder in Bewegung gebracht werden – das heißt, wenn sie sich nicht selbst bewegen müssen, sondern ein Erwachsener dies für sie macht –, können sie sich ganz darauf konzentrieren, ihre Umgebung wahrzunehmen, und sich selbst spüren.

Mitspieler/innen: 1 Erwachsener und mindestens ein Kind
Alter: ab 6 Monaten
Zeit: 5 Minuten
Material: eine Decke

Das Kind liegt oder sitzt auf einer Decke. Sitzen kann es nur, wenn es dabei schon einige Sicherheit gewonnen hat! Nun zieht der Erwachsene das Kind durch den Raum und reagiert dabei auf die Laute des Kindes. Er wird schneller und langsamer, nimmt die Kurven mal eng und mal weiter. Vielleicht gelingt es sogar, unter dem Tisch hindurchzukriechen.

Papas Ball

Das Kind erfährt im Spiel, wie es etwas selbst in Bewegung bringen kann.

Bei folgendem Spiel konzentriert sich das Kind auf einen Gegenstand und erfährt dabei, wie es selbst etwas in Bewegung bringen kann. Dass es dabei ein Erwachsener unterstützt, bereitet das Kind darauf vor, sich in einem Spiel auf einen anderen Menschen zu beziehen.

Mitspieler/innen: 1 Erwachsener und mindestens ein Kind
Alter: ab 8 Monaten
Zeit: 5 Minuten
Material: ein Luftballon

Das Kind sitzt auf dem Boden oder einer warmen Decke. Der Vater steht über ihm und hält einen Luftballon in der Hand. Das Kind versucht, den Luftballon mit der Hand zu schlagen. Immer wiederholt sich das Spiel. Wenn die Kinder größer werden, können sie den Luftballon zu fangen versuchen, mit dem Bein wegschubsen, mit dem Kopf berühren und so weiter.

Unter und über die Brück'

Beim Klettern über den Vater entsteht Körperkontakt, was das Kind sicher werden lässt. Es ist nicht allein bei seinen Versuchen, sondern kann der Unterstützung sicher sein. Ist ein Kind noch sehr unsicher, legt sich der Vater auf den Rücken; so hat er die Arme frei, um dem Kind eventuell Unterstützung zu geben.

Mitspieler/innen: 1 Erwachsener und mindestens ein Kind
Alter: ab 1 Jahr
Zeit: 5 Minuten
Material: keines

Der Vater nimmt die Hundestellung ein. Das Kind krabbelt unter dem Vater hindurch. Nun legt sich der Erwachsene hin und das Kind versucht über ihn zu klettern. Danach gehts wieder in die Hundestellung. So lange, bis das Kind einen neuen Impuls an den Vater gibt. Vielleicht bleibt es ja einfach auf dem Vater liegen und beginnt so eine Schmuserunde.

Papa schrecken

Kinder lieben das Spiel, bei dem sie immer auf den Überraschungsmoment warten können. Der Moment, in dem der Vater hochspringt, bereitet dem Kind Lust und Schrecken zugleich. In der Psychologie spricht man von der Angstlust. Hier handelt es sich nicht wirklich um Angst, sondern eher um einen Moment, der im Kind starke fröhliche Gefühle weckt. Kinder sind jedoch sehr unterschiedlich und so muss der Erwachsene sehr genau beobachten, wann die Reize für das Kind zu viel werden.

Mitspieler/innen: 1 Erwachsener und mindestens ein Kind
Alter: ab 1 Jahr
Zeit: 5 Minuten
Material: keines

Der Vater liegt auf dem Boden und tut so, als schliefe er. Das Kind krabbelt oder läuft zu ihm. Nun versucht es, den Vater zu wecken und ihn dabei zu necken. Nach einer Weile springt der

Vater auf, nimmt das Kind und schwingt es in der Luft. Dann legt er sich wieder hin und schläft weiter. Ist das Kind schon älter, kann es versuchen davonzulaufen und der Vater fängt es.

Mit Papas Hilfe

Hier kann das Kind im Schutze des Erwachsenen seine Koordinations- und Bewegungsfähigkeit üben. Dabei kann der Parcours immer wieder neu den Fähigkeiten des Kindes angepasst werden.

Mitspieler/innen: 1 Erwachsener und mindestens ein Kind
Alter: ab 1,5 Jahren
Zeit: 10 Minuten
Material: Möbel und Kisten, die in der Wohnung stehen, eine Decke, Leintuch oder Ähnliches

Die ersten Bewegungsspiele, bei denen das Kind eine aktive Rolle hat, prägen die Beziehung zum Vater besonders positiv.

Das Kind und der Vater bauen im Flur der Wohnung einen Parcours auf. Dabei werden Stühle vor Tische geschoben, Bänke benutzt, der Tisch kann auch mit einem Leintuch behängt zum Tunnel werden.

Nun beginnt das Kind den schweren Parcours zu begehen. Es macht so viel wie möglich dabei allein. Aber wenn es zu schwierig wird, dann nimmt der Vater die Hand des Kindes und stützt es. Je kleiner die Kinder sind, umso wichtiger ist es, dass der Vater darauf achtet, dass die Kinder Teile des Parcours selbst bewältigen können. Das bedeutet zum Beispiel, einen Tunnel zu bauen, durch den das Kind selbstständig krabbeln kann.

Angeklebt

Hier kommt es auf die Koordination und die Bewegung an, das Kind muss sich aber auch auf den Vater konzentrieren.

Kooperation ist eine wichtige Fähigkeit. Diese wird im Folgenden mit dem Kind geübt. Während Koordination und Bewegung hier eine wichtige Rolle spielen, muss sich das Kind auch auf den Vater konzentrieren. Das hilft dabei, den anderen in seinen Bewegungen wahrzunehmen und sich auf seine Bewegungen einzustellen.

Mitspieler/innen: 1 Erwachsener und mindestens ein Kind
Alter: ab 1,5 Jahren
Zeit: 5 Minuten
Material: ein Luftballon

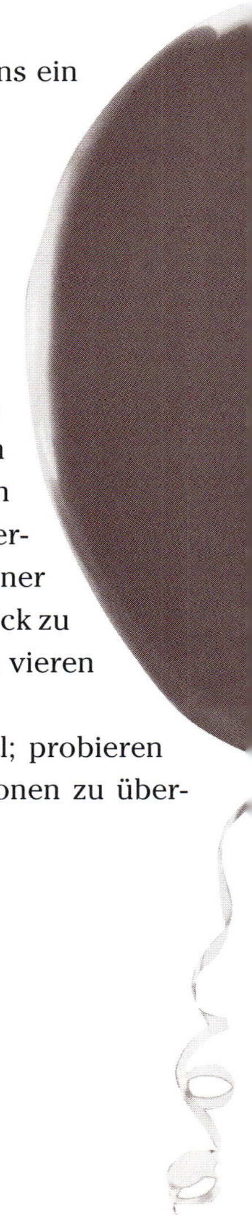

Der Luftballon wird zwischen das Kind und den Vater geklemmt. Diese dürfen sich nun die Hände geben und sollen eine zuvor vereinbarte Strecke zurücklegen, ohne dass der Luftballon herunterfällt. Er darf allerdings nicht mit den Händen festgehalten werden. Immer wieder versuchen das Kind und der Vater, den Ballon an einer anderen Stelle festzuklemmen und damit ein Stück zu gehen. Geht es auch, wenn der Vater auf allen vieren krabbelt und das Kind läuft?

Es gibt viele Möglichkeiten bei diesem Spiel; probieren Sie einmal, eine Strecke zu dritt mit zwei Ballonen zu überwinden.

Luftikus

Luftballone haben die Eigenschaft, langsamer zu fliegen als Bälle. Das erleichtert dem Kind, sich auf unterschiedliche Bewegungen zu konzentrieren, ohne den Ballon aus den Augen zu verlieren. Auch hier geht es wieder um die Koordination, aber auch um die Kommunikation zwischen Vater und Kind.

Mitspieler/innen: 1 Erwachsener und mindestens ein Kind

Alter: ab 2 Jahren

Zeit: 5 Minuten

Material: für jedes Kind und den Vater einen Luftballon

Das Kind soll seinen Luftballon immer in der Luft halten. Er darf nicht auf den Boden fallen. Dabei versucht es das erst mit den Händen, später mit anderen Körperteilen wie dem Kopf, dem Knie. Wer schafft es auch mit dem Bauch? Den größeren Kindern kann dabei ein kleiner Kieselstein oder eine Hand voll Bohnen in den Ballon gefüllt werden. Damit verändert der Luftballon sein Flugverhalten und es wird für sie schwieriger.

Wichtig ist die Kommunikation zwischen Vater und Kind.

Anschließend wirft das Kind den Ballon hoch und muss verschiedene Bewegungen ausprobieren, bevor es ihn auffangen darf. Dabei ist es ganz schön schwer, sich auf den Po zu setzen, wieder aufzustehen und den Luftballon noch zu fangen. Klar, dass der Vater dabei mitmacht!

Papa fällt um

Hier hat das Kind Erfolgserlebnisse. Der Vater fällt um, wenn das Kind ihn mit dem Softball trifft. Dabei lernt es, gezielt zu werfen und bewusst Einfluss zu nehmen auf das, was es macht.

Wenn es beim Spielen einmal schwierig wird, weil es beim Kind Ärger über die Überlegenheit des Vaters gibt, hilft Trösten wunderbar. Vielleicht erzählen Sie dann Ihrem Kind eine Geschichte aus Ihrem eigenen Leben.

Mitspieler/innen: 1 Erwachsener und mindestens ein Kind
Alter: ab 2 Jahren
Zeit: 5 Minuten
Material: ein Softball (ein besonders weicher Ball aus Schaumgummi) oder ein Ballon mit einem Kiesel

Das Kind steht dem Vater gegenüber. Nun versucht es, den Vater mit dem Ball zu treffen. Hat es den Erwachsenen erwischt, dann fällt der Vater sehr theatralisch um. Natürlich darf der Vater auch versuchen, das Kind zu treffen. Er sollte dabei aber den Ball nur rollen, damit der Ball das Kind nur an den Beinen erwischt. Das Kind wird sicher mit Freuden dem Vater nacheifern und auch umfallen.

Ball fangen

Erst einmal muss das Kind lernen, den Eierkarton festzuhalten, im Anschluss ist die Koordination Hände – Beine gefragt: zum einen, sich auf den Vater zuzubewegen, und zum anderen, den Eierkarton dabei stillzuhalten. Gar nicht so einfach, wie Sie sehen werden.

Mitspieler/innen: 1 Erwachsener und mindestens ein Kind
Alter: ab 2 Jahren
Zeit: 5 Minuten
Material: eine Eierpalette, ein Tischtennisball

Das Kind steht dem Vater gegenüber und hat eine Eierpalette in beiden Händen. Nun versucht der Vater aus einiger Entfernung, den Ball in die Palette zu werfen. Schafft es das Kind, den Ball auf der Palette zum Vater zu transportieren? Wenn die Kinder größer und geübter sind, kann der Vater den Ball so werfen, dass die Kinder sich anstrengen müssen, den Ball aufzufangen. Oder beide haben eine Palette in der Hand und werfen den Ball aus der Palette und fangen ihn damit auch wieder auf.

Auf und nieder

Spiele, bei denen mehrere Sinne angesprochen werden, fördern Kinder immer ganzheitlich. So ist es auch bei diesem. Das Kind ist auf die eigenen Bewegungen konzentriert und gleichzeitig auf die Umgebung, damit es keinen Faden berührt. Wer möchte, kann an die Fäden noch Glöckchen hängen, die bei Erschütterung klingeln.

Mitspieler/innen: 1 Erwachsener und mindestens ein Kind
Alter: ab 2 Jahren
Zeit: 15 Minuten
Material: Wolle und Stühle

Die Stühle werden in einem großen Kreis im Raum aufgestellt. Dazwischen spannen Sie mit dem Kind die Wolle. Nun kann das Spiel beginnen. Vater und Kind einigen sich, ob sie zunächst unter der Wolle hindurchkriechen oder darüber hinwegsteigen wollen. Wichtig ist vor allem, die Wolle nicht zu berühren. Das bedeutet aber nicht, dass alle mit großen Augen darauf achten sollen, ob jemand die Wolle berührt oder nicht, es geht um den Spaß und ums Bemühen. Sie können auch über einen Faden steigen und unter dem nächsten durchkriechen. Wenn die Kinder größer sind, können Sie sogar Fangen im Netz spielen. Zum Beispiel darf der Erwachsene nur unter den Fäden durch, das Kind aber darüber.

Schwänzchen fangen

Da kommt der Vater schon auch mal aus der Puste, weil das Kind so flink ist.

Auch hier konzentriert sich das Kind sowohl auf die eigenen Bewegungen (bei denen es wieder um die Hand-Fuß-Koordination geht) als auch auf das Band, das es fangen möchte. Für die Kleinen eine ganz schön große Anforderung!

Mitspieler/innen: 1 Erwachsener und mindestens ein Kind
Alter: ab 2 Jahren
Zeit: 10 Minuten
Material: langes Band

Der Vater steckt sich das Band hinten so in die Hose, dass er es noch auf dem Boden nachzieht. Nun versucht das Kind, den Schwanz zu fangen. Dabei können Sie versuchen, einfach darauf zu stehen oder ihn mit der Hand festhalten. Je nach Alter der Kinder muss der Vater ganz schön laufen, damit er das Band eine Weile behalten kann. Sind die Kinder älter geworden, können sie das Band auch einmal selbst übernehmen.

Spiegelbilder

Sehen und das Gesehene nachmachen bedeuten für das Kind die konkrete Umsetzung von Bildern in eigene Bewegung. Dabei werden die visuellen Fähigkeiten des Kinders trainiert und bei entsprechenden Bewegungen einzelne Muskeln, der Gleichgewichtssinn und so weiter.
Mitspieler/innen: 1 Erwachsener und mindestens ein Kind
Alter: ab 2 Jahren
Zeit: 10 Minuten
Material: keines

Der Vater und das Kind stehen sich anfangs gegenüber. Das Kind fängt an, Grimassen zu schneiden, die der Vater nachahmt. Dann ist Rollenwechsel. Nach einer Weile beginnt das Kind, sich auch zu bewegen, der Vater macht wieder alles nach, was das Kind vormacht. Wenn der Vater an der Reihe ist, versucht er, immer wieder neue Bewegungsimpulse zu geben. Er kriecht unter dem Tisch durch, steigt über einen Stuhl und so weiter. Es macht den Kindern großen Spaß, wenn auch einmal der Papa etwas tun muss, was die Kleinen sagen.

Gemeinsam am Tuch

Hier handelt es sich um eine Übung zu Koordination und Kooperation. Nur wenn das Kind sich auf den Vater und der Vater sich auf das Kind einlässt, kann es gelingen. Das Kind ist dabei aufgefordert, die eigenen, im Übermut oft hektischen Bewegungen zu kontrollieren und sich dem Tempo des Ballons und des Vaters anzupassen.

Das Spiel funktioniert nur, wenn es dem Vater und dem Kind gelingt, miteinander zu kooperieren.

Mitspieler/innen: 1 Erwachsener und mindestens ein Kind
Alter: ab 2,5 Jahren
Zeit: 10 Minuten
Material: ein Geschirrhandtuch, ein Luftballon

Das Kind und der Vater halten das Tuch an den Ecken fest und spannen es. Der Vater legt einen Luftballon auf das Tuch. Nun versuchen beide gemeinsam, den Luftballon in die Luft zu werfen und ihn mit dem Tuch wieder aufzufangen. Am Anfang sitzt das Kind dazu am besten auf dem Tisch, dadurch sitzt es gut und kann sich besser als im Stehen auf das Spiel konzentrieren. Viel wichtiger ist aber, dass das Kind dadurch in einer Höhe das Tuch hält, die für den Vater angenehm ist, er muss sich dann nicht so bücken.

Später kann das Kind dann auf dem Boden stehen und die Würfe können höher und wilder werden. Die beiden Spielenden müssen dann eben auch einmal ein paar Schritte laufen. Dann nimmt man am besten einen Teddybären, der geworfen wird, oder einen Softball. Sollten vier Spieler und Spielerinnen zusammenkommen, können die Paare den Ball mit dem Handtuch werfen und auffangen. Sind sie Profis geworden, dann spielen sie den Ball über eine Schnur. Jedes Mal, wenn der Ball den Boden berührt, gibt es einen Minuspunkt für das betreffende Paar.

Papa Tanzbär

Wieder einmal erlebt das Kind im folgenden Spiel, dass es Einfluss auf den Vater hat. Seine eigene Neugier wird geweckt, indem es den Stopppunkt beim Vater sucht. Das Erfolgserlebnis ist für das Kind deshalb so groß, weil die Reaktion vom Vater sofort erkennbar ist.

Mitspieler/innen: 1 Erwachsener und mindestens ein Kind
Alter: ab 3 Jahren
Zeit: 10 Minuten
Material: keines

Der Vater überlegt sich eine Stelle an seinem Körper, an dem er „ausgeschaltet" werden kann. Nun bewegt er sich und das Kind versucht diesen Knopf zu finden. Dazu drückt es an allen möglichen Stellen, bis es die richtige gefunden hat. Das bedeutet, die Stoppstelle muss in einem Bereich liegen, den das Kind im Stehen erreichen kann. Danach wechseln die beiden die Rollen. Das Kind denkt sich eine Stelle aus und beginnt sich zu bewegen, während der Vater die Stelle sucht.

Reifenweitwurf

Kinder im Alter ab circa vier Jahren vergleichen ihr Können gerne mit dem anderer Menschen. Dabei ist es ihnen ein Reiz, immer wieder zu üben, damit sie besser werden, ohne dass es sie sehr kränkt, wenn ihre Ergebnisse denen der anderen nicht ganz angemessen sind. Es ist wichtig, den Kindern in dieser Zeit immer wieder zu verstehen zu geben, dass der Vater sich über die Fortschritte seines Kindes mehr freut als über die eigene Überlegenheit.

Vierjährige vergleichen gerne ihr Können mit dem anderer Menschen.

Mitspieler/innen: 1 Erwachsener und mindestens ein Kind
Alter: 4 Jahre
Zeit: 10 Minuten
Material: ein Hula-Hoop-Reifen

Das Kind beginnt und wirft den Reifen, so weit es kann, in die Wiese. Nun ist der Vater an der Reihe und wirft ihn ebenso. Die Spielenden können sich nach einigem Üben markante Steine holen, die sie immer an die Stelle legen, an der ihr Reifen gelandet ist. Das Werfen geht am besten, wenn der Reifen geworfen wird wie eine Frisbeescheibe.

Stocktreffen

Hier gelten die Anmerkungen wie bei vorhergehendem Spiel. Der Wurfarm bekommt im Laufe der Zeit mehr Kraft, zudem wird hier noch das Zielwerfen geübt.

Mitspieler/innen: 1 Erwachsener und mindestens ein Kind
Alter: ab 4 Jahren
Zeit: 15 Minuten
Material: zwei Stöcke, ein Hula-Hoop-Reifen

Kieselsteine helfen den Kindern, ihre Punkte zu zählen.

Die Stöcke werden in die Wiese gesteckt. Nun versuchen die Kinder und der Vater, den Reifen so zu werfen, dass er über einem Stock auf den Boden fällt. Das braucht einige Übung und die Kinder stehen den Erwachsenen dabei nicht nach. Wer möchte, kann für die beiden Stöcke unterschiedliche Punktzahlen vereinbaren. Jedes Mal, wenn der Reifen den Stock trifft, gibt es Punkte.

Mit kleinen Kindern können die Punkte wunderbar durch Kieselsteine gezählt werden. Ein Stock bringt einen Punkt, der andere zwei. Jedes Mal, wenn ein Stock getroffen wurde, nimmt das Kind einen oder zwei Kiesel und legt diese für den entsprechenden Spieler auf dessen Haufen. Am Ende werden von allen Haufen immer zwei Kiesel auf den Weg geworfen. Wer am Ende noch Kiesel übrig hat, ist Sieger.

Flaschenball

Hier geht es auch um die Zielgenauigkeit. Vielleicht muss der Erwachsene am Anfang ein wenig mehr Abstand zu den Flaschen haben, damit das Kind eine Chance erhält. Das Spiel macht Kindern besonders viel Spaß, weil es ganz unterschiedliche Elemente enthält. Die Kinder lernen, mit einem Ball genauer zu werfen, sie haben Umgang mit Wasser und es kommt darüber hinaus noch auf ihre Schnelligkeit beim Laufen an. Da Kinder häufig eine schnellere Reaktion zeigen als Erwachsene, können sie im Laufen hier einiges an Langsamkeit wieder wettmachen.

Mitspieler/innen: 1 Erwachsener und mindestens ein Kind
Alter: 4 Jahre
Zeit: 15 Minuten
Material: zwei Plastikflaschen, ein Ball

Die Flaschen werden gekennzeichnet, sodass der Vater und das Kind wissen, welche Flasche wem gehört.

Die Flaschen werden mit Wasser gefüllt und in circa 5 Meter Entfernung voneinander aufgestellt. Nun versuchen die beiden immer abwechselnd, die Flasche des anderen mit dem Ball zu treffen und sie damit umzuwerfen. Wessen Flasche umgefallen ist, der muss schnell loslaufen und sie wieder aufstellen. Denn die Flasche, die als Erste leer ist, deren Besitzer ist leider der Verlierer. Das macht aber nichts, denn sie kann wieder gefüllt werden und ein neues Spiel beginnt.

Mit allen Sinnen

Wahrnehmungsspiele fördern beim Kind die Konzentration und die Aufmerksamkeit. Das Kind erlebt sich positiv in seinem Körper, die beste Voraussetzung für ein gutes Selbstbewusstsein.

Wahrnehmungsspiele

Spiele, die die Wahrnehmung fördern, setzen häufig bei einem der fünf Sinne an. Es geht um das Riechen, das Hören, das Schmecken, das Tasten und das Sehen. Während der Spiele passiert aber meistens viel mehr. Kinder werden sensibilisiert für ihren eigenen Körper und bekommen so ein deutliches Gefühl dafür, was sie mögen und was nicht. Sie erleben sich ganzheitlich. Die Sinne werden auf den unterschiedlichsten Ebenen angesprochen und sind oft miteinander gekoppelt. So muss ein Kind, das an etwas riechen soll, den Gegenstand sehen oder ihn ertasten, um ihn an die Nase zu führen. Da bei diesen Spielen das Fühlen eine so große Rolle spielt, sollte der Vater den Kindern auch immer wieder die Gelegenheit geben, über das eigene Erleben zu sprechen. Fragen Sie Ihr Kind, wie sich dies oder das anfühlt. Ob es das mag oder nicht. Sie fördern dabei nicht nur die Sprachfähigkeit Ihres Kindes, sondern erwecken in ihm ein Bewusstsein: Ich allein weiß, was mir gut tut. Eine wichtige Voraussetzung, damit es später gut mit sich und seinem Körper umgehen kann.

Papa, rüttel mich und schüttel mich

Ein Spaß, bei dem das Kind am ganzen Körper die Bewegungen spüren kann und so ein Bewusstsein dafür entwickelt, wie groß sein ganzer Körper ist und wie unterschiedlich die einzelnen Körperteile Bewegung wahrnehmen. Ein besonders sinnliches Erlebnis wird es für das Kind, wenn es auf einem flauschigen Bettbezug nackt liegen kann.

Mitspieler/innen: 1 Erwachsener und mindestens ein Kind
Alter: ab 6 Monaten
Zeit: 5 Minuten
Material: 10 Luftballone, ein Kopfkissenbezug mit Knöpfen

Die Luftballone werden nicht zu prall aufgeblasen und in den Bezug gelegt. Es sollten so viele sein, dass der Bezug voll ist, die Luftballone aber nicht übereinander liegen. Der Bezug wird zugeknöpft. Das Kind wird auf den Bezug gelegt und nun kann der Vater den Bezug bewegen. Dabei schaukelt das Kind hin und her, je nachdem, wie wild die Bewegungen sind. Es ist herrlich, auf Luftballonen zu liegen und sich so getragen zu fühlen. Sie können das für sich selbst auch einmal ausprobieren. Dazu stecken Sie Luftballone in einen Bettbezug und legen sich darauf. Ein Luftballon hält am ersten Tag sehr viel Gewicht aus. Sie können sogar einen Luftballon als Sitzkissen benutzen, allerdings muss der Boden sauber sein. Denn wenn etwas sticht, dann platzt er – logo!

Für Kinder ist es herrlich, auf Luftballonen zu liegen.

Greif schon zu

Die Kinder reagieren im nächsten Spiel auf einen akustischen Reiz. Diesen müssen sie wahrnehmen und anschließend schnell die Hände in Bewegung bringen. Ganz schön viel auf einmal und es kann passieren, dass ein Kind zunächst immer nur auf das Geräusch des herunterfallenden Schlüssels lauscht, dann lacht und dem Teddy keine Aufmerksamkeit schenkt. Erst nach und nach wird es das Spiel begreifen.

Mitspieler/innen: 1 Erwachsener und mindestens ein Kind
Alter: ab 1 Jahr
Zeit: 5 Minuten
Material: ein Teddybär oder Ähnliches, ein Schlüsselbund

Das Kind und der Vater halten die Hände hinter dem Rücken. Sie sitzen sich beide gegenüber und zwischen ihnen liegt der Teddybär. Der Vater hat den Schlüsselbund in der Hand. Immer wenn er auf den Boden fällt und klappert, greifen die beiden nach dem Teddybären. Wer ihn als Erster hat, legt ihn wieder in die Mitte und dann gehts in die nächste Runde.

Tick, tack

Ganz auf das Geräusch des Weckers muss sich das Kind hier konzentrieren und versuchen, die Richtung zu finden, aus der das Geräusch kommt. Das stärkt den Orientierungssinn und – wie viele der Wahrnehmungsspiele – auch die Konzentration.

Mitspieler/innen: 1 Erwachsener und mindestens ein Kind
Alter: ab 1,5 Jahren
Zeit: 5 Minuten
Material: eine Küchenuhr

Das Kind schließt die Augen. Der Vater versteckt im Zimmer einen Küchenwecker mit ungefähr drei Minuten Laufzeit. Nun beginnt das Kind, den Wecker zu suchen. Hat es ihn gefunden, bevor er klingelt, hat das Kind ein besonders großes Lob verdient. Nun wird der Wecker neu eingestellt und der Vater ist mit dem Suchen an der Reihe.

Bonbon versteckt

Die Aufmerksamkeit einem Detail zu schenken, obwohl sich mehrere Dinge bewegen, muss ein Kind im Laufe der Zeit erst lernen. Das folgende Spiel bietet ihm dafür gute Möglichkeiten und der Vater kann die Geschwindigkeit der Bewegungen dem Stand des Kindes anpassen.

Mitspieler/innen: 1 Erwachsener und mindestens ein Kind
Alter: ab 1,5 Jahren
Zeit: 5 Minuten
Material: etwas Kleines zum Naschen, drei gespülte Joghurtbecher

Der Vater legt eine Süßigkeit unter einen Becher. Alle Becher werden mit der offenen Seite nach unten auf den Tisch oder Boden in eine Reihe gestellt. Nun beginnt der Vater, die Becher langsam zu vertauschen. Weiß das Kind noch, unter welchem die Süßigkeit liegt? Dann guten Appetit! Nun ist der Vater an der Reihe; gelingt es ihm auch, die Süßigkeit zu verfolgen? Wenn das Kind älter wird, können mehr Becher benutzt werden, um die Schwierigkeit zu vergrößern.

Wäscheklammer klemmen

Wenn der Erwachsene sitzt, wie im folgenden Spiel beschrieben, gehen im Kind viele Dinge gleichzeitig vor. So ist es eine schöne Spannung, nicht zu wissen, wann der Vater nach dem Kind greifen wird. Gleichzeitig muss es versuchen, sich ganz ruhig zu verhalten und die Klammer nicht aus den Augen lassen. Koordination ist also auch hier wieder einmal gefragt.

Die Sinne im Spielen zu aktivieren hilft nicht nur dem Kind etwas, oft nutzt diese Form der Sensibilisierung auch dem Erwachsenen.

Mitspieler/innen: 1 Erwachsener und mindestens ein Kind
Alter: ab 2 Jahren
Zeit: 5 Minuten
Material: eine Wäscheklammer

Der Vater sitzt am Boden. Irgendwo hat er sich eine Wäscheklammer angeklemmt. Nun schließt er die Augen und das Kind schleicht sich leise heran und versucht, die Wäscheklammer zu schnappen. Der Vater hat dazu erst einmal die Hände auf dem Rücken. Erst wenn er sicher ist, dass sein Kind nach der Klammer greift, darf er zupacken und das Kind fest in den Arm nehmen. Dann versucht es das Kind noch einmal. Bekommt das Kind die Klammer in die Hand, tauschen Vater und Kind die Rolle.

Papa panata

Das Spielen im Sand ist wie eine kleine Massage.

Viele Kinder lieben den Sand, vor allem auf nackter Haut. Im Sand spielen ist wie eine kleine Massage, da die Körner sich an der Haut reiben und sie so zur Durchblutung anregen. Gleichzeitig können die Kinder im Sand ihre Motorik verbessern. Gezielte Bewegungen sind notwendig, damit der Sand da landet, wo es das Kind auch haben will. Wenn ein Vater sich „panieren" lässt, taucht er damit in die Welt des Kindes ein und festigt die Beziehung.

Mitspieler/innen: 1 Erwachsener und mindestens ein Kind
Alter: ab 2 Jahren
Zeit: 15 Minuten
Material: Sand, im Sandkasten oder am Strand

Das Kind und der Vater graben in den Sand eine lange Kuhle. Der Vater legt sich nun hinein und das Kind beginnt, ihn einzugraben. Natürlich bleibt der Kopf frei. Wenn das Kind möchte, kann es anschließend den Sand mit Blumen oder Muscheln noch verschönern. Vielleicht gibt es noch einen Erwachsenen, der dabei hilft und zum Schluss ein Foto macht. Dann ist das Kind an der Reihe, eingegraben zu werden.

Im bunten Labyrinth

Neue Räume lassen sich im Spiel erkunden.

Sich zu orientieren, ohne die üblichen und gewohnten Möglichkeiten auszuschöpfen, bedeutet, sich besonders darauf konzentrieren zu müssen, was nun zur Verfügung steht. Auch hier ist wieder einmal die Koordination zwischen unterschiedlichen Sinnen gefragt. Dabei beginnt das Kind, den Raum als Ganzes zu erfassen. Gerade wenn Kinder sich in neuen Räumen aufhalten sollen, bieten die nächsten Spiele eine gute Möglichkeit, diese erst einmal spielerisch kennen zu lernen.

Mitspieler/innen: 1 Erwachsener und mindestens ein Kind
Alter: ab 2 Jahren
Zeit: 5 Minuten
Material: viele Schnüre und zwei Gegenstände

Der Vater legt mit dem Kind auf dem Boden ein großes Gewirr von Fäden aus. Diese werden mit Klebestreifen auf dem Boden befestigt. Am Anfang des Fadens liegt immer ein Gegenstand. Das Ende befindet sich dort, wo dieser Gegenstand eigentlich hingehört. Nach und nach werden mehr Fäden gelegt und es entsteht ein wirres Durcheinander. Der Vater kann dabei sich kreuzende Fäden legen oder Biegungen machen. Das

Kind sucht sich nun einen ersten Weg aus, den es probieren will, und zieht dazu die Schuhe aus. Wenn das Kind schon älter ist, soll es versuchen, den Weg blind, nur durch Tasten mit den Füßen zu finden. Kleine Kinder laufen oder krabbeln mit geöffneten Augen und verfolgen den Weg bis zum Ziel, ohne die Schnur zu verlieren. Wenn das Kind einen Weg geschafft hat, kann es einen anderen ausprobieren.

Zu zweit im Labyrinth

Kinder lernen, sich zu orientieren, indem sie lernen, Räume ganz zu erfassen.

Blind vertrauen ist etwas, was vielen Menschen nicht leicht fällt. Bei dem nächsten Spiel können dies Kind und Vater einmal ausprobieren. Dabei ist es wichtig, dass die Fäden weit genug von Gegenständen entfernt sind, da das Kind nicht einschätzen kann, wie viel Platz benötigt wird, wenn zwei Menschen nebeneinander gehen. So begreift es, Verantwortung zu übernehmen, während der Vater die Augen geschlossen hat und spürt, wie angenehm es ist, einem anderen Menschen Vertrauen zu schenken. Aber es erlebt auch, wie unterschiedlich der Raum wahrgenommen wird, wenn die Augen geschlossen sind. Die Konzentration richtet sich auf das Hören und eventuell das Fühlen, wenn das Kind barfuß läuft.

Mitspieler/innen: 1 Erwachsener und mindestens ein Kind
Alter: ab 2 Jahren
Zeit: 5 Minuten
Material: viele Schnüre und zwei Gegenstände

Das Labyrinth ist noch aufgebaut. Nun führt zuerst der Vater das Kind und anschließend das Kind den Vater. Dazu schließt das Kind die Augen und nimmt die Hand des Vaters, um sich führen zu lassen. Ist das Kind am Ziel, darf es die Augen öffnen und der Vater schließt die seinen. Danach geht der Vater vor dem Kind her und gibt immer einen Laut von sich, dem das Kind folgen soll. Dabei berühren sich die beiden nicht mehr. Nach viel Übung und wenn das Kind bereits einen größeren Wortschatz hat, steht der Vater am Ziel und dirigiert das Kind durch Zuruf dorthin.

Aufeinander zubewegen

Es läuft sich auf dem Faden besser, wenn alle ohne Schuhe und Socken sind. Wie oben bereits beschrieben, nimmt das Kind den Raum anders wahr, wenn es die Augen beim Gehen geschlossen hat. Hier aber kommt hinzu, dass das Kind voller Spannung die inneren Sensoren darauf ausrichtet, dem Vater zu begegnen, und so sich auch sensibilisiert für die Bewegung und die Körperwärme des anderen.

Mitspieler/innen: 1 Erwachsener und mindestens ein Kind
Alter: ab 2 Jahren
Zeit: 5 Minuten
Material: viele Schnüre und zwei Gegenstände

Im Labyrinth stellen sich Vater und Kind jeweils am Anfang und am Ende des Weges gegenüber. Sie sollen nun blind zueinander finden, indem sie dem Faden mit den Füßen folgen. Dabei darf aber nicht gesprochen werden. Ist das Kind schon größer, können vorher schon Vermutungen angestellt werden, an welchem Punkt sie sich wohl treffen werden. Wenn die beiden sich getroffen haben, ist es spannend, die Augen zu öffnen und zu sehen, wo man ist. Wenn mehrere Kinder mitspielen, gibt es verschiedene Paare, die aufeinander zulaufen.

Laufen auf dem Labyrinth

Nach so vielen „inneren Eindrücken", während die Augen geschlossen waren, wird es Zeit, sich wieder auf das Außen zu konzentrieren. Dabei ist es für Kinder zuerst einmal nicht verständlich, warum es nicht einfach auf einen anderen Faden springen oder den Faden verlassen soll. Wenn der Vater dabei immer wieder zeigt, wie ihm das sorgfältige Zurücklaufen bis zur nächsten Kreuzung Spaß macht, begreift das Kind nach und nach, dass Spielregeln da sind, um im gemeinsamen Spiel Spaß zu haben. Das sind wichtige Lernschritte für ein späteres gemeinsames Regelspiel.

Mitspieler/innen: 1 Erwachsener und mindestens ein Kind
Alter: ab 2 Jahren
Zeit: 5 Minuten
Material: viele Schnüre und zwei Gegenstände

Im Labyrinth dürfen die Kinder sich nur auf den Fäden bewegen. Wenn sich zwei Kinder oder der Vater mit einem Kind auf einem Faden begegnen, dürfen sie nicht aneinander vorbei, sondern das eine Kind muss sich umdrehen, bis zur nächsten Kreuzung gehen und dort ausweichen, bis der Vater vorbeigelaufen ist, oder umgekehrt. Der Vater kann den Kindern auch immer wieder Gegenstände an die Hand geben, die sie an einen bestimmten Ort transportieren sollen. Oder die Kinder spielen, wenn sie größer sind, Fangen auf den Schnüren. Dabei darf auch der Fänger die Fäden nicht verlassen!

Begegnende Hände

Den eigenen Körper um genau 360 Grad zu drehen und an der richtigen Stelle stehen zu bleiben ist für Erwachsene meistens kein Problem mehr. Wir haben es schon vielfach geübt. Kinder müssen dieses Gefühl erst entwickeln. Wie Bewegungen den eigenen Standpunkt verändern, erleben und sehen sie dauernd. Dies aber zu erspüren und dabei die Augen geschlossen zu halten ist nicht einfach. Gleichzeitig konzentrieren sie sich mit ihrer inneren Aufmerksamkeit auf den Vater und dessen Körperwärme.

Es ist immer wieder faszinierend, wie die Hände des anderen nur durch dessen Körperwärme gespürt werden können.

Mitspieler/innen: 1 Erwachsener und mindestens ein Kind
Alter: ab 2 Jahren
Zeit: 5 Minuten
Material: keines

Vater und Kind stehen sich gegenüber. Sie sind so nahe zueinander gerückt, dass sich ihre Handflächen begegnen. Nun schließen sie die Augen und drehen sich einmal um die eigene Achse. Sie versuchen, die Hände des anderen wieder zu finden. Zuerst kann sich auch nur das Kind drehen und der Vater bleibt mit geöffneten Augen stehen. Dann kann er sehen, wie das Kind seine Hände sucht. Wenn es mehrere Kinder sind und sie das ein paar Mal ausprobiert haben, kommen alle in einem Kreis zusammen. Sie halten sich seitlich an den Händen fest. Dann schließt jedes zweite Kind die Augen und beginnt sich zu drehen. Findet es die Hände seiner Nachbarn wieder? Danach drehen sich die restlichen Kinder auch. Nun können die Kinder die Schwierigkeit erhöhen, indem sich zum Beispiel alle Kinder gleichzeitig drehen. Oder die Kinder drehen sich, berühren mit den Händen den Boden und versuchen dann, im Kreis wieder zusammenzukommen. Am schwersten ist es, wenn die Kinder nach dem Drehen die Hände auf den Boden klatschen und anschließend über dem Kopf in die Hände klatschen sollen.

Den Klängen folgen

Das folgende Spiel verlangt vom Kind Konzentration und Geduld, dabei wird auch der Orientierungssinn geschult. Das Kind lauscht mit geschlossenen Augen auf das Geräusch und geht darauf zu. Dann erklingt es aus einer anderen Richtung und das Kind muss sich neu orientieren.

Mitspieler/innen: 1 Erwachsener und mindestens ein Kind
Alter: ab 2 Jahren
Zeit: 5 Minuten
Material: ein Glöckchen oder ein anderes Instrument

Das Kind schließt die Augen. Der Vater hält das Glöckchen in der Hand und bewegt sich durch den Raum. Immer wieder lässt er das Glöckchen klingeln. Das Kind folgt dem Klang. Hat es den Vater erreicht, darf es selbst das Glöckchen nehmen und den Vater leiten.

Hördosen

Kinder genießen ihre Erfolge.

Auch hier werden der Gehörsinn und die Konzentration des Kindes geschult. Wichtig ist dabei, dass der Erwachsene die Anzahl der Dosen dem Fassungsvermögen des Kindes anpasst. Dann wird es dem Kind Spaß machen, mit Ausdauer dabei zu sein und die Erfolge zu genießen.

Mitspieler/innen: 1 Erwachsener und mindestens ein Kind
Alter: ab 2 Jahren
Zeit: 10 Minuten
Material: 10 Fotodosen, unterschiedlich klingendes Material

Immer in zwei Dosen werden die gleichen Gegenstände gefüllt. Die Dosen werden geschlossen und auf dem Tisch oder auf dem Boden verteilt.

Immer zwei Dosen dürfen abwechselnd von dem Vater oder dem Kind geschüttelt werden. Hierbei können natürlich auch viele Kinder mitspielen. Hat ein Kind ein Paar gefunden, das gleich klingt, darf es dieses behalten. Ansonsten muss es die Dosen an den ursprünglichen Platz legen. Für die Kleinen reichen erst einmal sechs bis acht Dosen. Später, wenn die Kinder geübter und älter sind, kann die Stückzahl erhöht werden. Allerdings dauert es bei zwanzig Dosen ganz schön lange.

Kissenlauf

Auch die Füße haben einen Tastsinn.

Wissen Sie, wie viel Sie mit den Füßen erfühlen und ertasten können? Das nächste Spiel zeigt es Ihnen. Für Kinder heißt es da nicht nur die Balance halten, sondern sensibel und vorsichtig gehen, damit sie die Gegensände mit den Füßen ertasten können.

Mitspieler/innen: 1 Erwachsener und mindestens ein Kind
Alter: ab 2 Jahren
Zeit: 5 Minuten
Material: zehn bis zwanzig Kissen, verschiedene, nicht zerbrechliche Gegenstände wie Bauklötze, Löffel und so weiter

In die Kissen werden unterschiedliche Gegenstände gelegt. Das Kind geht nun barfuß über die Kissen und erspürt, welche Gegenstände in den Kissen sind. Nachdem auch der Vater einmal über die Kissen gelaufen ist, holt das Kind aus den Schubladen und Schränken alle Gegenstände, die es erfühlt hat, und legt sie auf das Kissen, in dem es den gleichen Gegenstand vermutet. Danach kann es in die Kissen schauen und sich mit dem Vater oder anderen Kindern über die eigenen Erfahrungen unterhalten. Das macht besonders viel Spaß, wenn sich in einem Kissen Bonbons für alle befinden.

Fußbild

Es werden Kindern immer wieder viele Möglichkeiten gegeben, motorische Fähigkeiten mit den Händen zu entwickeln. Aber die Füße werden häufig vernachlässigt. Dabei beugen diese Spiele Fehlstellungen der Beine vor und sind deshalb besonders wichtig. Das Malen mit den Füßen ist ein gute Möglichkeit, Ihrem Kind die Chance zu geben, auch die Motorik der Füße und Zehen zu mobilisieren.

Mitspieler/innen: 1 Erwachsener und mindestens ein Kind
Alter: ab 2 Jahren
Zeit: 10 Minuten
Material: Pinsel, Wasser, Wasserfarben, Papier

Das Kind und der Vater ziehen die Schuhe und die Socken aus. Sie nehmen ein Blatt Papier und bringen Farben, Wasser und Pinsel an einen Ort, an dem sie gerne sitzen mögen. Mit den Füßen versuchen sie nun, ein Bild zu malen. Sie experimentieren dabei, ob es besser ist, auf dem Boden zu sitzen oder auf einem Stuhl. Ob sie mit den Füßen auch die Farbe anmischen können oder ob sie die Hände dazu benutzen müssen. Wenn sie fertig sind, gibt es eine große Künstlerausstellung, bei der Vater und Kind ihre Kunstwerke vorstellen und über ihre Erfahrungen berichten.

Ertasten

Das wichtigste Kontaktorgan sind die Hände.

Die Hände sind das wichtigste Kontaktorgan der Menschen. Damit sie sensibel werden und bleiben, ist es gut, immer wieder damit zu experimentieren. Dabei entwickelt das Kind innere Bilder von den Gegenständen, die es berührt. Das bedeutet eine hohe kognitive Leistung.

Spieler/innen: zwei und mehr
Mitspieler/innen: 1 Erwachsener und mindestens ein Kind
Alter: ab 2 Jahren
Zeit: 10 Minuten
Material: ein Tuch, verschiedene Gegenstände

Das Kind sitzt auf dem Stuhl oder auf dem Boden. Ihm werden die Augen verbunden. Der Vater entscheidet, was das Kind ertasten soll. Das muss natürlich leise geschehen. Er holt diesen Gegenstand und gibt ihn dem Kind in die Hand. Das darf den Gegenstand befühlen, daran riechen usw.

Hat es den Gegenstand erraten, ist der Vater an Reihe, sich die Augen zu verbinden. Vielleicht stellt sich ja einmal auch die Mutter zur Verfügung und streckt dem Kind den eigenen Kopf hin.

Für die wahren Fühlprofis kann das Spiel erschwert werden, indem sie Baumwollhandschuhe tragen müssen.

Alles mit den Füßen

In diesem Spiel wird zwar besonders an der Feinmotorik der Füße gearbeitet, es ist aber auch die Koordination unterschiedlicher Körperteile gefragt. Darüber hinaus geht es um Kooperation mit dem Vater und nicht zuletzt lernt das Kind, dass Aufräumen auch spaßig sein kann.

Mitspieler/innen: 1 Erwachsener und mindestens ein Kind
Alter: ab 3 Jahren
Zeit: 10 Minuten
Material: ein Korb unterschiedlicher Gegenstände

Um den Korb herum verteilt liegen viele Gegenstände, einige kleine Bälle, Bleistifte, Handtücher und vieles mehr. Das Kind und der Vater sollen gemeinsam alles in den Korb transportieren. Dabei dürfen sie aber nur die Füße benutzen. Kleine Gegenstände können mit den Zehen aufgehoben werden, bei den größeren müssen sich die Kinder auf den Po setzen und mit beiden Füßen zugreifen. Liegt ein Gegenstand vom Korb etwas entfernt, müssen die Kinder und der Vater sich in eine Reihe setzen und den Gegenstand weitergeben, bis er im Korb gelandet ist. Eine wunderbare Aktion, um einmal wieder Ordnung im Kinderzimmer herzustellen.

Häufig sind die Kinder viel besser als Erwachsene, wenn es um die Feinmotorik oder um die Merkfähigkeit geht. Dann muss Papa sich ganz schön anstrengen.

Blinder Turm

Die Hände für feinmotorische Bewegungen zu schulen ist nicht nur für das spätere Erlernen des Schreibens wichtig, sondern auch für viele kreative Handlungen. Wenn Kinder versuchen, blind etwas zu gestalten, werden sie lernen, sich ganz auf das Gefühl in ihren Händen zu verlassen, und vieles geht dann später wie von selbst.

Mitspieler/innen: 1 Erwachsener und mindestens ein Kind
Alter: ab 3 Jahren
Zeit: 10 Minuten
Material: Bauklötze

Das Kind und der Vater sitzen zusammen. Es bekommt die Augen verbunden und soll aus den Bauklötzen einen möglichst hohen Turm bauen. Da es aber nichts sieht, muss es sich ganz auf das Gespür in den Händen verlassen. Die Bauklötze werden ihm vom Vater gegeben. Wenn der Turm umfällt, ist der Vater an der Reihe. Kann er mehr Klötze verbauen als das Kind?

Grapschen

Auch hier entwickeln die Kinder während des Spiels im Kopf eine Vorstellung von dem Gegenstand. Sie übertragen dabei die Umrisse, die sie spüren, in ein inneres Bild, an das sie sich erinnern können. So erkennen sie im Laufe der Zeit durch genaues Tasten Unterschiede, die das Zuordnen erleichtern. Konzentration, feinmotorisches Geschick und Vorstellungskraft werden so aktiviert.

Mitspieler/innen: 1 Erwachsener und mindestens ein Kind
Alter: ab 3 Jahren
Zeit: 10 Minuten

Material: 2 Stoffbeutel in unterschiedlicher Farbe; 2-mal derselbe Satz von 12 Figuren

In jeden Beutel wird ein Satz der Figuren gelegt. Spielen die Kinder das Spiel zum ersten Mal, wird aus dem einen Säckchen eine Figur auf den Tisch gestellt. Das Kind, das an der Reihe ist, greift in das zweite Säckchen und versucht, die gleiche Figur zu finden. Zieht es eine falsche, versucht das nächste Kind oder der Vater, diese Figur zu finden.

Wer sie gefunden hat, legt die Figur in den zweiten Sack zurück und darf die Figur aus dem ersten Sack behalten.

Jede Figur zählt am Ende des Spiels einen Pluspunkt. Danach spielen der Vater und das Kind nach der eigentlichen Regel.

Findet das Kind das passende Gegenstück?

Das Kind, das beginnt, greift in den ersten Sack und nimmt eine Figur in die Hand. Die Hand bleibt dabei im ersten Sack, sodass niemand die Figur sehen kann. In dem zweiten Sack versucht es nun, das gleiche Stück zu finden. Glaubt das Kind, beide Figuren gefunden zu haben, zieht es beide aus den Säcken heraus. Sind die beiden nicht gleich, versucht das nächste Kind oder der Vater, zwei gleiche Figuren zu finden. Wer sie gefunden hat, darf die Figur aus dem ersten Sack behalten und die andere in den zweiten Sack zurücklegen. Jede Figur zählt am Ende des Spiels einen Pluspunkt.

Ganz schwierig wird es, wenn die Figur im ersten Sack nicht im Beutel gespürt werden darf, sondern durch den Beutel hindurch.

Beendet ist das Spiel, wenn in dem blauen Beutel keine Figuren mehr sind. Dann hat das Kind gewonnen, das die meisten Figuren ergattern konnte.

Papa, du meinst mich!

Sich selbst wahrnehmen und das, was andere von einem sehen, unterscheidet sich nicht nur bei Kindern. Auch bei Erwachsenen klaffen Selbstwahrnehmung und Fremdwahrnehmung oft auseinander. Es dauert einige Zeit, bis ein Kind sich nicht nur in sich spürt, sondern auch ein Bewusstsein dafür entwickelt, das es von außen manchmal anders gesehen wird, als es sich innerlich selbst erlebt.

Mitspieler/innen: 1 Erwachsener und mindestens 2 Kinder
Alter: ab 3 Jahren
Zeit: 10 Minuten
Material: keines

Die Kinder sitzen dem Vater gegenüber. Aber so, dass sie mit dem Rücken zueinander sitzen und sich nicht sehen können. Nun beginnt der Vater eines der Kinder zu beschreiben. Er benutzt am Anfang Merkmale, die beide Kinder betreffen; nach und nach wird dann deutlich, wen der Vater meint. Sobald ein Kind sich erkannt hat, läuft es zum Vater und übernimmt seine Rolle.

Wem gehört das blaue Auge?

Beziehungen leben auch davon, dass wir uns gegenseitig wahrgenommen fühlen. Dazu gehört auch, dass wir wissen, wie unser Gegenüber aussieht. In dem nächsten Spiel werden Kinder aufgefordert, genau das zu tun und die äußeren Merkmale der Einzelnen wieder zu erkennen.

Mitspieler/innen: 1 Erwachsener und mindestens 2 Kinder
Alter: ab 3 Jahren
Zeit: 5 Minuten
Material: ein Leintuch mit einem Loch, Wäscheklammern, eine Schnur

Das Leintuch wird so aufgehängt, dass das kleine Loch in Gesichtshöhe der Kinder ist. Die Kinder sitzen vor dem Leintuch. Der Vater steht dahinter. Nun geht ein Kind an das Leintuch und hält das Auge oder das Ohr an das Loch. Es kann auch einen Finger durchstecken oder den Ellenbogen. Der Vater versucht nun zu erraten, wer da hinter dem Tuch steht. Ist ihm das gelungen, darf das Kind sein Glück beim Raten probieren.

Paperlapap

Spiele, die die kognitiven Fähigkeiten der Kinder ansprechen, machen nicht nur Spaß, sondern sie aktivieren immer wieder Nervenbahnen, die durch den Reiz trainiert werden, schnell zu reagieren. So lernen Kinder, unterschiedliche Impulse wie Sehen, Hören, Fühlen in Handlung umzusetzen.

Fördern kognitiver Fähigkeiten

Kinder lernen in ihrem eigenen Tempo, deshalb sind Vergleiche von gleichaltrigen Kindern nur sehr begrenzt möglich.

Die Wahrnehmung des Fühlens ist der Sinn, auf den wir am schnellsten reagieren können. Hier setzen Reflexe ein, die den Körper vor Gefahren schützen. Wir erleben sie, wenn wir zum Beispiel eine heiße Herdplatte berühren. Kinder sind in ihren Reaktionen unterschiedlich schnell. Das liegt meist nicht an der fehlenden Übung, sondern mehr am unterschiedlichen Charakter der Kinder. Auch unterscheidet sich der Zeitpunkt, an dem unterschiedliche sprachliche Fähigkeiten erlernt oder kausale Zusammenhänge erkannt werden können. So ist es auch bei diesen Spielen besonders wichtig, die Kinder mit ihrem individuellen Spaß an einem Spiel zu sehen, der nicht immer vergleichbar mit dem Spaß von uns Erwachsenen ist. So wäre es möglich, dass die kleinen Kinder im Spiel mit Sprachen experimentieren und die Großen währenddessen eine konkrete Geschichte erzählen. Wie das erste Spielbeispiel aufzeigt. Oder es geht nicht direkt um das Sprechen, sondern die Spiele aktivieren und trainieren die Mundmuskulatur.

Bodenkontakt

Die Kinder lernen im ersten Spiel dieses Kapitels die Namen der eigenen Körperteile und trainieren das Reaktionsvermögen. Gleichzeitig wird der Gleichgewichtssinn angeregt, da die Kinder in den unmöglichsten Stellungen die Balance behalten müssen.

Mitspieler/innen: 1 Erwachsener und mindestens ein Kind
Alter: ab 1 Jahr
Zeit: 15 Minuten
Material: keines

Das Kind läuft oder krabbelt durch den Raum. Der Vater macht auch mit und benennt immer wieder Körperteile. Das Kind soll so schnell wie möglich den Boden damit berühren. Dabei lernen die Kinder nicht nur, schnell auf ein akustisches Signal zu reagieren, sondern prägen sich auch die Körperteile ein. Am Anfang lässt der Vater das Kind immer wieder in Ruhe aufstehen, aber nach und nach steigert er das Tempo, sodass sich das Kind auf dem Boden hin und her wälzt, wenn hintereinander Po, Stirn, Schulter und Knie angesagt wird.

Zähne versteckt

Mit den ersten Lauten beginnen Kinder sehr früh. Dabei üben sie, die Lippen und die Stimmbänder kontrolliert zu bewegen. Hier wird nun dasselbe gemacht, dabei konzentrieren sich die Kinder auf das eigene Tun, aber auch auf die Geräusche des Vaters. Mit großer Wahrscheinlichkeit aktivieren der Vater und das Kind auch die Lachmuskeln dabei!

Mitspieler/innen: 1 Erwachsener und mindestens ein Kind
Alter: ab 1,5 Jahren
Zeit: 5 Minuten
Material: keines

Das Kind und der Vater ziehen die Unterlippe und die Oberlippe über die Zähne, sodass die Zähne mehr zu sehen sind. Nun unterhalten sie sich miteinander. Dabei können sie ruhig eine Fantasiesprache benutzen. Oder ausprobieren, welche Geräusche sich so machen lassen. Kann denn jemand zum Beispiel noch schnalzen? Oder „Brrrrr“ machen wie ein Pferd?

Salzstangen essen

Und noch ein Spiel, bei dem die Mundmuskulatur sich kräftig anstrengen muss, um das Spielziel zu erreichen.

Mitspieler/innen: 1 Erwachsener und mindestens ein Kind
Alter: ab 1,5 Jahren
Zeit: 5 Minuten
Material: Salzstangen

Auch die Zunge kann Geschicklichkeit üben.

Das Kind und der Vater bekommen Salzstangen. Ihre Aufgabe ist es, die Salzstange ohne Hände zu essen. Sie nehmen sie in den Mund und versuchen, durch Kau- und Zungenbewegungen die Stange zu essen, ohne dass sie bricht und herunterfällt. Das ist gar nicht so einfach und sieht für alle sehr lustig aus. Mal sehen, wie viele Stangen das Kind und erst recht der Vater zum Üben brauchen, um es zu schaffen.

Zungenspiel

Zum Essen, aber vor allem beim Sprechen brauchen wir alle die Zunge, um bestimmte Laute zu bilden. Daher ist es gut, sie bereits früh an ungewöhnliche Bewegungen zu gewöhnen. Das geht zum Beispiel mit dem nächsten Spiel.

Mitspieler/innen: 1 Erwachsener und mindestens ein Kind
Alter: ab 1,5 Jahren
Zeit: 15 Minuten
Material: kleine Lebensmittel wie Nüsse, Kirschen usw.

Der Vater und das Kind sitzen sich zu zweit gegenüber. Es stehen ihnen verschiedene Lebensmittel zur Verfügung. Das

Kind beginnt und streckt nun die Zunge heraus. Der Vater Kind legt ihm zum Beispiel eine Erdnuss darauf. Wird die Nuss in den Mund gelangen, ohne herunterzufallen? Sie experimentieren mit den unterschiedlichsten Lebensmitteln so lange, bis sie satt sind.

Im Land Papasia

Das Schöne am Geschichtenerzählen ist, dass der Fantasie freier Lauf gelassen werden kann. So fördern Sie die Kreativität und bei den Zuhörern entstehen Bilder im Kopf, die eine Vielzahl von Reizen und Impulsen im Kopf entstehen lassen.

Mitspieler/innen: 1 Erwachsener und mindestens ein Kind
Alter: ab 2 Jahren
Zeit: 15 Minuten
Material: keines

Das Kind und der Vater sitzen gemütlich zusammen. Der Vater beginnt, eine Geschichte zu erzählen. Die Geschichte sollte ganz unrealistisch sein und Sie können Ihrer Fantasie freien Lauf lassen. Wenn die Geschichte eine Hauptfigur mit einem Namen hat, wird mit dem Kind ein bestimmtes Geräusch vereinbart, das es jedes Mal, wenn die Hauptfigur genannt wird, macht. Wenn Sie keine Lust mehr zum Erzählen haben, ist Ihr Kind an der Reihe. Wenn das Kind Lust hat, kann es sich auch noch bestimmte Bewegungen ausdenken, die es zu bestimmten Situationen in der Geschichte machen will.

Es ist oft hilfreich, wenn der Vater einen kleinen Anfang der Geschichte selbst erzählt und dabei ein Thema nimmt, das die Kinder kennen, das aber auch viel Freiheit lässt. Zum Beispiel die Geschichte eines Kaugummis, der im Laden gekauft wird, den dann ein Kind geschenkt bekommt, das den Kaugummi in den Fluss spuckt, und wie der danach eine lange Reise durch die Welt beginnt. Vielleicht wird er von einem Fisch verschluckt, der ihn in Afrika an Land spuckt, wo es heiß ist und er klebrig an einem Elefanten hängen bleibt und so fort.

Die Geschichte vom Kaugummi hat viele unterschiedliche Fortsetzungsmöglichkeiten.

Schöne Sitzgelegenheit!

Bei diesem Spiel wird besonders die Muskulatur im Hüftbereich gefordert.

Kooperation und die eigene Körperkoordination sind im nächsten Spiel gefragt. Dabei muss das Kind permanent versuchen, die Balance zu halten.

Mitspieler/innen: 1 Erwachsener und mindestens ein Kind
Alter: ab 2 Jahren
Zeit: 15 Minuten
Material: für jedes Kind und den Vater ein Luftballon

Der Vater und das Kind setzen sich gegenüber auf den Luftballon und geben sich die Hände. Nun versuchen sie, die Beine hochzuheben und sich gegenseitig zu stützen, damit sie nicht herunterfallen. Damit experimentieren sie, solange sie Lust haben. Zum Beispiel: Wie hoch kann ein Kind die Beine heben, ohne vom Ballon zu rutschen? Oder geht es denn auch, wenn beide die Beine heben? Können die Kinder sich gegenseitig stützen, wenn sie sich nur an einer Hand festhalten? Was kann die zweite Hand dann alles machen? Wie ist es, auf dem Bauch zu liegen und sich so zu strecken, dass nichts den Boden berührt? Können die Kinder dann die Hände auch loslassen und sich selbst im Gleichgewicht halten?

Die etwas teureren und damit stabileren Luftballone sind sehr stabil, wenn sie gerade aufgeblasen sind. Das Gummi wird erst durch die hohe Spannung nach einiger Zeit porös. Selbst Erwachsene können auf einem Luftballon sitzen. Nur Mut und keine Angst, wenn der Ballon einmal

knallt, dann einfach mit einem neuen und an einer sauberen Stelle am Boden probieren.

Damit die kleinen Kinder nicht über einen eventuell platzenden Ballon erschrecken, kann der Vater ihnen direkt vorher zeigen, woher der Knall kommt, indem er mehrere Luftballone aufbläst und sie mit einer Nadel platzen lässt. Dabei bläst er die Ballone immer stärker auf, sodass sich der Knall in der Lautstärke langsam steigert.

Besser als Papa

Auch hier übt das Kind wieder, die Balance zu halten, und trainiert damit den Gleichgewichtssinn. Es koordiniert die Sprünge und schnell lassen sich Fortschritte feststellen, was die Kinder motiviert und ihr Selbstwertgefühl unterstützt.

Mitspieler/innen: 1 Erwachsener und mindestens ein Kind
Alter: ab 2 Jahren
Zeit: 15 Minuten
Material: eine Tageszeitung

Das Kind und der Vater stellen sich auf je ein auseinander gefaltetes Zeitungsblatt. Dann springen sie herunter und falten es einmal zusammen. Anschließend stellen sie sich wieder darauf. Immer kleiner wird dabei die Zeitung. Wie klein können die beiden die Zeitung falten und immer noch für einen Moment darauf stehen bleiben, sei es auch nur auf den Zehen?

Papas bunte Geschichte

Farben wollen gelernt sein. Dies ist aber nur ein Teil von dem, was das folgende Spiel den Kindern ermöglicht. Vor allem wenn es mehrere Kinder sind, heißt es, schnelle Reaktion zeigen und fix gezielt zugreifen. Was bedeutet, dass die Kinder eine Farbe hören, sie einem Bauklotz zuordnen und anschließend schnell sein müssen, damit sie noch einen erwischen.

Mitspieler/innen: 1 Erwachsener und mindestens ein Kind
Alter: ab 2 Jahren
Zeit: 10 Minuten
Material: Bauklötze

Das Kind sitzt dem Vater gegenüber. Zwischen Ihnen liegen Bauklötze in unterschiedlichen Farben. Nun erzählt der Vater eine Geschichte. Immer wenn in der Geschichte eine bestimmte Farbe vorkommt, soll das Kind sich einen Bauklotz in der entsprechenden Farbe greifen.

Sind es mehrere Kinder, gibt es von jeder Farbe einen Klotz weniger als Kinder. Wer dann keinen erwischt, sammelt die Bauklötze der anderen Kinder ein und baut dem kleinsten Kind einen Turm, den es umwerfen darf. Dann geht die Geschichte weiter. Größere Kinder können die Geschichte auch weitererzählen, anstatt einen Turm zu bauen.

Die Mitte finden

Je mehr man übt, desto besser entwickelt sich das Augenmaß.

Das richtige Augenmaß zu entwickeln ist vor allem Übungssache. Kinder können schneller Strecken erfassen, wenn ihnen immer wieder die Möglichkeit gegeben wird, damit zu experimentieren. Damit fällt es ihnen auch leichter, sich in Räumen zu orientieren.

Hier heißt es ganz genau hinschauen und verschiedene Merkmale zusammenbringen.

Mitspieler/innen: 1 Erwachsener und mindestens ein Kind
Alter: ab 2 Jahren
Zeit: 10 Minuten
Material: drei Gegenstände und ein Zollstock

Das Kind legt zwei Gegenstände in einer unbestimmten Entfernung ab. Nun darf der Vater den dritten Gegenstand ganz genau in die Mitte legen. Das Kind misst mithilfe des Vaters nun nach, ob der Gegenstand in der Mitte liegt oder nicht. Dann darf der Vater die Entfernung der beiden Gegenstände verändern. Das Kind versucht, die Mitte zu treffen. Die Distanz der beiden äußeren Gegenstände kann zwanzig Zentimeter oder fünf Meter betragen. Die Kinder wählen selbst.

Reihen bilden

Gegenstände haben nicht nur Farben, sondern können auch auf Grund von vielen anderen Eigenschaften beschrieben werden. Kindern fehlt es oft noch an unterschiedlichen Begriffen, um Dinge zu beschreiben. Das lernen sie nur, wenn ihnen die Möglichkeit gegeben wird, es selbst auszuprobieren und von anderen zu lernen.

Mitspieler/innen: 1 Erwachsener und mindestens ein Kind
Alter: ab 2 Jahren
Zeit: 10 Minuten
Material: viele Gegenstände

Das Kind und der Vater haben einen Berg von unterschiedlichen Gegenständen auf den Boden gelegt. Das Kind beginnt und nimmt einen Gegenstand, der Vater neben ihm muss nun ein Ding im Berg finden, das wenigstens ein Merkmal gemeinsam hat. Er formuliert das auch. Zum Beispiel: Das Auto ist so rot wie der Ball. Sie versuchen gemeinsam, alle Spielsachen in eine Reihe zu bringen. Dabei kann es passieren, dass sie die Reihenfolge der Gegenstände immer wieder verändern müssen. Es gelten auch Merkmale wie etwa: Die Gabel und der Bleistift sind spitz.

Hexensuppe

Im folgenden Spiel haben die Kinder die Möglichkeit, sich einerseits zu bewegen, aber auch mit Sprache zu spielen. Sie können dabei lernen, mit Dingen spielerisch umzugehen, vor denen sie sich ekeln, ohne dabei mit ihnen wirklich in Berührung zu kommen. Hat ein Kind beim Sprechen Probleme mit bestimmten Buchstaben, kann sich der Vater Wörter ausdenken, die diesen Buchstaben besonders betonen. So kann das Kind spielend üben.

Mitspieler/innen: 1 Erwachsener und mindestens zwei Kinder
Alter: ab 2 Jahren
Zeit: 10 Minuten
Material: keines

Die Kinder und der Vater stehen im Kreis und geben sich die Hände, sie sind der Hexenkessel. Ein Kind ist die Hexe. Sie läuft um den Hexenkessel herum und sagt: „Hexensuppe, Hexensuppe, was tust du hinein?“ Dabei tippt sie einem Kind oder dem Vater auf die Schulter und dieses nennt das Ekligste, was ihm einfällt, es wirft dabei pantomimisch etwas in die Mitte des Kreises. Zum Beispiel „Schlangenhaut“. Die Hexe ruft nun: „Kessel, rühr dich“. Die ganze Gruppe läuft nun im Kreis herum und schreit dabei dreimal ganz laut „Schlangenhaut“, um die Suppe ordentlich umzurühren. Dann stellen sich die Kinder wieder. Das nächste Kind ist an der Reihe. Es nimmt „Spinnenbeine“. Die Gruppe beginnt nun alles zu wiederholen, was bereits gesagt würde, also: „Schlangenhaut, Schlangenhaut, Schlangenhaut, Spinnenbeine, Spinnenbeine, Spinnenbeine“ und so weiter.

Blau ist Himmel

Wieder geht es darum, Farben bestimmten Dingen zuzuordnen. Dabei kann in diesem Spiel das Kind vom Vater neue Kombinationen lernen und der Wortschatz wird erweitert.

Mitspieler/innen: 1 Erwachsener und mindestens ein Kind
Alter: ab 2,5 Jahren
Zeit: 5 Minuten
Material: keines

Das Kind und der Vater sitzen im Kreis auf dem Boden. Das Kind beginnt und nennt dem Vater eine Farbe. Dieser muss nun einen Gegenstand benennen, der diese Farbe hat. Dann nennt er dem Kind eine andere Farbe. Weiß das Kind keinen Gegenstand mit dieser Farbe, muss es sich auf den Bauch legen. Wenn es wieder an der Reihe ist und ein Wort weiß, darf es sich wieder hinsetzen.

Formel eins

Bei Rot steht man, bei Grün geht man.

Bei Rot stehen, bei Grün gehen, das hört sich ganz einfach an. Ist es aber für Kinder nicht, da sie den Reiz (wenn sie die Farbe sehen) erst verarbeiten müssen und dann in einem zweiten Schritt sich bewusst werden, dass sie nun stehen bleiben sollen. Erst durch Üben beginnt dies schneller und unbewusster zu werden.

Mitspieler/innen: 1 Erwachsener und mindestens ein Kind
Alter: ab 3 Jahren
Zeit: 15 Minuten
Material: Vier Kärtchen in den Farben Blau, Gelb, Rot, Grün

Das Kind sucht sich einen imaginären Rennwagen aus und lässt ihn starten. Dann bewegt es sich durch den Raum. Es achtet dabei auf den Vater, der immer eine der Farbkarten hochhält. Dabei bedeutet Rot auf der Stelle stehen bleiben, Gelb gemütlich gehen und Grün gehen, so schnell du willst. Hält er das blaue Kärtchen hoch, gehen die Kinder vorsichtig rückwärts.

Am Sonntag will der Papi mit mir angeln gehn

Mit einem Strohhalm trinken zu lernen, daran erinnern Sie sich sicher, war gar nicht so einfach. Das Zusammenspiel von Einatmen und der Mundmuskulatur wird immer perfekter, wenn die Kinder die Gelegenheit haben, damit spielerisch zu experimentieren.

Mitspieler/innen: 1 Erwachsener und mindestens ein Kind
Alter: ab 3 Jahren
Zeit: 10 Minuten
Material: ein biegsamer Strohhalm, unterschiedliche leichte Gegenstände mit Ösen (aus Draht gebunden), in die der Strohhalm geführt werden kann

Das Kind und der Vater haben die Gegenstände auf dem Tisch aufgestellt, sodass alle genug Platz haben. Es eignen sich Tischtennisbälle, kleine Plastikschälchen, Brettspielfiguren und so weiter. Die Kinder versuchen nun, mit dem Strohhalm im Mund möglichst viele Gegenstände aufzuheben und an einen Ort zu transportieren.

Familienhörspiel

Im folgenden Spiel erleben die Kinder vielleicht ihre eigene Stimme zum ersten Mal von einem Kassettenrekorder. Das wird für sie befremdlich sein. Die eigene Stimme hören wir immer etwas anders als die anderen, da sie in uns selbst klingt und der Körper den Klang für uns verändert. So ist es eine merkwürdige Erfahrung zu erleben, dass die eigene Wahrnehmung nicht immer mit dem Erleben der anderen zusammenpasst. Natürlich wird hier auch die Fantasie angeregt und der Spaß ist garantiert.

Mitspieler/innen: 1 Erwachsener und mindestens ein Kind
Alter: ab 3 Jahren
Zeit: 15 Minuten
Material: ein Rekorder mit Mikrofon, eine leere Kassette zum Bespielen

Der Vater bespricht mit dem Kind, was für eine Geschichte sie auf die Kassette spielen wollen. Vielleicht gab es ja in den vergangenen Tagen eine lustige Geschichte in der Familie.

Das Kind und der Vater experimentieren mit der Geschichte, hören sie sich immer wieder an und verfeinern sie. Dabei können auch immer wieder neue Geschichten entstehen.

Sie können für die Mutter auch ein Rätsel vorbereiten, indem sie verschiedene Geräusche im Raum aufnehmen und diese raten muss, was für ein Ding solche Geräusche macht.

Ich kenne das

Gut zuhören müssen die Kinder hier und kombinieren, was der Vater erzählt. Nur wer darin ein Meister wird, hat in diesem Spiel eine Chance, auch einmal zu gewinnen. Wenn der Gegenstand erraten ist, heißt es schnell zugreifen, bevor ein anderes Kind es tut. Das bedeutet, dass auch die Reaktion gefragt ist.

Eine gute Möglichkeit, ein altes unvollständiges Memoryspiel weiter zu nutzen.

Mitspieler/innen: 1 Erwachsener und mindestens ein Kind
Alter: ab 3 Jahren
Zeit: 15 Minuten
Material: ein nicht mehr vollständiges Memoryspiel

Das Kind und der Vater haben das Spiel auf dem Tisch so ausgebreitet, dass die Bilder zu sehen sind. Das Kind beginnt. Es erzählt: Ich sehe etwas, das steht auf einer Wiese und hat Hörner. Es frisst Gras und gibt Milch. Wer als Erster weiß, um welches Tier es sich handelt, nimmt das Bild. War es das richtige Tier, darf man das Bild behalten. War es falsch, legt man die Karte in die Mitte und die Beschreibung geht weiter. Ist die richtige Karte entdeckt worden, ist der nächste Erzähler an der Reihe.

Bei Sommer denke ich an Eis

Assoziationskette könnte dieses Spiel auch heißen. Dabei werden die Kinder aufgefordert, verschiedene Dinge zueinander zu bringen und sich mit der eigenen Antwort direkt auf die anderen zu beziehen. Was Menschen oft nicht leicht fällt. Deshalb ist es gut, wenn Kinder früh die Möglichkeit haben, dies spielerisch zu üben.

Mitspieler/innen: 1 Erwachsener und mindestens ein Kind
Alter: ab 3 Jahren
Zeit: 15 Minuten
Material: keines

Die Kinder sitzen zusammen. Der Vater beginnt und sagt: „Marcel, ich denke an Sommer.“ Marcel sagt daraufhin: „Bei Sommer denke ich an Eis.“ Der Vater ist nun wieder an der Reihe und antwortet: „Bei Eis denke ich an Strand.“ So geht das Spiel weiter, bis alle keine Lust mehr haben.

Wenn es mehrere Kinder sind, die mitspielen wollen, heißt der Satz: „Bei Sommer denke ich an Eis. Nora, ich denke an Eis.“ „Bei Eis denke ich an Strand. Fridolin, ich denke an Strand.“ Und so geht es immer weiter.

Schnipseltransport

Die Muskulatur im Mund wird trainiert, wenn Kinder versuchen, mit der Lippe einen Strohhalm zu halten. Wenn sie damit auch noch Papierschnipsel ansaugen und diese durch den Raum transportieren, muss die Konzentration gut sein, damit es klappt.

Spieler/innen: zwei und mehr
Mitspieler/innen: 1 Erwachsener und mindestens ein Kind
Alter: ab 3 Jahren
Zeit: 15 Minuten
Material: für jeden Spieler ein Strohhalm, kleine Papierschnipsel, ein Brotkorb oder etwas Ähnliches

Das Kind hat das Papier in viele kleine Stücke gerissen. Diese liegen jetzt alle auf dem Boden verteilt. Nun sollen das Kind und der Vater gemeinsam den Boden sauber machen. Dabei dürfen sie nur die Strohhalme benutzen. Auf dem Tisch steht in einiger Entfernung ein Körbchen, in das die Schnipsel transportiert werden sollen.

Für die großen Kinder können zwei Strohhalme zusammengeklebt werden, für die kleinen werden sie halbiert. Denn je länger ein Strohhalm ist, umso schwerer ist das Ansaugen von Papier.

Als Erstes die Karte klopfen

Memory ist sicher eines der beliebtesten Gedächtnisspiele, die es gibt. Hier ist eine Variation, bei der auch die Reaktion geschult wird.

Mitspieler/innen: 1 Erwachsener und mindestens ein Kind
Alter: ab 4 Jahren
Zeit: 10 Minuten
Material: ein vollständiges Memoryspiel

Das Kind und der Vater stehen um einen quadratischen oder runden Tisch. Wenn kein Tisch zur Verfügung steht, knien sie sich (bei mehreren Spielern im Kreis) auf den Boden. Die Memorykärtchen werden mit dem Bild nach unten auf dem Boden verteilt. Das Kind beginnt. Es deckt zwei Karten auf. Dabei achtet es darauf, die Karte schnell herumzudrehen und sie sofort offen auf den Tisch zu legen. Dann ist der Vater an der Reihe. Die Karten werden nicht wieder zugedeckt, sondern bleiben offen liegen.

Wird ein Kärtchen aufgedeckt, das bereits offen auf dem Tisch liegt, klopft das Kind, das diese Karte als Erstes entdeckt, auf das Bild. Das bedeutet, nicht das neu aufgedeckte Kärtchen ist wichtig, sondern das bereits offene. Das Kind darf dieses Paar bei sich behalten. Wer am Ende die meisten Kärtchen hat, darf sich das nächste Spiel aussuchen.

Da schauste, wie du staunst

Die Neugier der Kinder unterstützen bedeutet auch, ihnen den richtigen Umgang mit gefährlichen Dingen zu zeigen.

Im Spiel Gefährliches und Interessantes entdecken

Es ist wichtig, dass Kinder sicher sind im Umgang mit gefährlichen Werkzeugen.

Kinder wollen Abenteuer erleben und diese machen besonderen Spaß, wenn ein Erwachsener daran teilhat. Das hat darüber hinaus den Vorteil, dass Kinder unter Beobachtung lernen können, wie sie mit gefährlichen Gegenständen umgehen können. Ich bin deshalb überzeugt davon, dass es wichtig ist, Kinder früh den Umgang mit Feuer, Messer und anderen Gegenständen zu lehren. Wir wissen alle, dass wir in unserer Kinderzeit besonders großen Spaß hatten, die verbotenen Dinge zu tun. Je mehr Kinder an Sicherheit im Umgang mit gefährlichem Werkzeug gewinnen, umso weniger muss verboten werden. Das wiederum bedeutet, dass Kinder nicht gezwungen sind, heimlich mit Streichhölzern oder ähnlich Gefährlichem zu experimentieren, und die Gefahr, dass etwas passiert, dadurch wesentlich geringer wird.

Gleichzeitig lernen Kinder, bestimmte „Spielregeln" zu beachten. Es fällt Kindern leicht, auf etwas zu bestimmten Zeiten zu verzichten, wenn sie genau wissen, es gibt einen Rahmen, in dem sie es dürfen. Zum Beispiel nur dann zu zündeln, wenn ein Erwachsener dabei ist.

Es gibt viele Erwachsene, die glauben, wenn ich den Kindern erst einmal zeige, wie es funktioniert, dann werden sie es immer wieder ausprobieren. Meine und vermutlich auch Ihre Erfahrung mit sich selbst widersprechen dem gründlich. Alles, was verboten war, hatte den besonderen Reiz. Das Gefährliche daran war, dass man ja nicht wusste, was eigentlich am Verbotenen gefährlich war.

Dazu kommt ein wichtiger Aspekt, den ich in diesem Buch schon ein paar Mal erwähnt habe. Wenn ein Kind lernt, dass seine Neugier gewollt ist, dann wird es weiterhin voll Vertrauen und Interesse in die Welt gehen. Wachsam und konzentriert auf alles, was es zu entdecken gibt, und in dem Vertrauen, die Situationen, die auf es zukommen, auch zu meistern. Ganz besonders an der starken Hand seines Vaters.

Na, Paps, wie sollen wir es machen?

Körperbeherrschung heißt hier das Zauberwort. Die Kinder lernen, im Tun ihr Können einzuschätzen und sich daran immer wieder neu zu orientieren. Das stärkt das Selbstbewusstsein und die Muskulatur. Dabei entwickelt das Kind nicht nur Vertrauen in sich selbst, sondern auch in den Vater.

Kinder lernen früh, sich auf die Erwachsenen zu verlassen, wenn sie mit ihren eigenen Ideen ernst genommen werden.

Mitspieler/innen: 1 Erwachsener und mindestens ein Kind
Alter: ab 1,5 Jahren
Zeit: 5 Minuten
Material: keines

Das Kind versucht, mithilfe des Vaters von verschiedenen Gegenständen herunterzuspringen. Dabei experimentieren die beiden, indem sie zum Beispiel zu zweit sich an der Hand haltend springen, oder sie schließen die Augen, sie springen rückwärts, verkleiden sich dabei als Taucher, sollen in einem Reifen landen oder hinter einer bestimmten Linie. Den beiden fallen sicher noch mehr Variationen ein. Wichtig ist, dass das Kind sich dabei konzentriert und nicht vor lauter witzigen Ideen leichtsinnig wird. Jeder Sprung fordert Konzentration und Ruhe. Der Vater versucht, jeden Sprung mit entsprechendem Applaus zu belohnen.

Ein Wochenende bei den Indianern

Einmal Zeit ganz allein mit einem Elternteil zu verbringen ist für Kinder etwas ganz Besonderes und bietet die Chance, die gemeinsame Beziehung zu festigen und ihr neue Aspekte zu geben. Das Abenteuer steht dabei nicht unbedingt im Vordergrund. Es geht ums gemeinsame Erleben, das nur dem Vater und dem Kind gehört. Wichtig ist, das Kind in allem mit einzubeziehen, damit es spürt, dass es mit den eigenen Wünschen, Vorstellungen und Ideen ernst genommen wird.

Nehmen Sie sich Zeit für ganz besondere Aktionen mit Ihrem Kind. Etwas, das es besonders interessiert. Sind es die Ritter, dann besuchen Sie einige Burgen mit Ihrem Kind. Gilt sein Interesse dem Fliegen, dann machen Sie sich ein schönes Wochenende am Flughafen. Sie zeigen Ihrem Kind damit, dass seine Interessen Ihnen wichtig sind. Darüber hinaus tut es Kindern einfach einmal gut, ein Elternteil ganz für sich zu haben. Das muss auch nicht aufhören, wenn die Kinder in der Schule sind. Eine 16-jährige Tochter ist sicherlich begeistert von einem Wochenende in Paris.

Mitspieler/innen: 1 Erwachsener und mindestens ein Kind
Alter: ab 2 Jahren
Zeit: ein ganzes Wochenende
Material: alles, was zum Zelten gebraucht wird, zusätzlich Indianerspielsachen, Schminkfarbe, Indianerbilderbuch usw.

Das Wochenende bei den Indianern bereiten Sie gemeinsam mit Ihrem Kind vor. Sie sammeln, was Sie brauchen. Zählen Sie Ihrem Kind nicht alles auf, lassen Sie ihm Zeit, selbst darauf zu kommen. Gehen Sie den Ablauf durch. „Wenn wir ankommen, müssen wir uns um die Übernachtung kümmern." Also wird ein Zelt gebraucht. Du möchtest Spaghetti?

Dann brauchen wir etwas zum Heißmachen.“ Es kommen ein Topf und die Streichhölzer dazu. So kann das Kind mit Verantwortung zum Gelingen den gemeinsamen Wochenendes übernehmen. Füllen Sie das Wochenende mit dem gemeinsamen Lesen aus einem Indianerbuch, mit Angeln, Schminken, Feuermachen und am Abend mit der Erforschung der Sternbilder und allem anderen, was Ihnen zum Indianerdasein einfällt. Stellen Sie sich darauf ein, dass Sie wenig Zeit für sich haben werden. Es ist ein Wochenende für Sie und Ihr Kind.

Gemeinsam aufräumen

Auf den Stühlen zu gehen und sich auf die Spielsachen zu konzentrieren bedeutet für das Kind eine große Leistung. Es muss auf die Schritte achten, die Balance und den Gegenstand halten, wenn es nicht herunterfallen will. Eine gute Vorbereitung für das spätere Klettern.

Mitspieler/innen: 1 Erwachsener und mindestens ein Kind
Alter: ab 2 Jahren
Zeit: 10 Minuten
Material: drei oder vier Stühle

In das Kinderzimmer werden drei oder vier Stühle so gestellt, dass der Vater alle von einem Stuhl aus erreichen kann. Nun stellen sich Vater und Kind auf die Stühle. Sie dürfen den Boden nicht mehr betreten. Sie räumen das Zimmer auf, indem sie einen Gegenstand vom Boden aufheben. Dazu muss das Kind vielleicht mit dem Bauch auf den Stuhl liegen. Dann werden die Stühle so gestellt, dass ein Weg zur entsprechenden Schublade entsteht. Es kann sein, dass dazu der letzte Stuhl vom Vater immer wieder nach vorne geholt werden muss.

Probieren Sie das mal aus. Sicher hat das Aufräumen noch nie so viel Spaß gemacht.

Papas Fotospur

Die eigene Umgebung wahrzunehmen und einmal einen Blick aufs Detail zu werfen, darum geht es im nächsten Spiel. Das Kind wird dabei angeregt, seine Umgebung einmal genauer wahrzunehmen und sich an bestimmte Dinge zu erinnern.

Mitspieler/innen: 1 Erwachsener und mindestens ein Kind
Alter: ab 2 Jahren
Zeit: 5 Minuten
Material: Fotos vom Haus, von der Wohnung oder der näheren Umgebung

Der Vater fotografiert verschiedene Dinge in der nahen und weiteren Umgebung der Wohnung. Das Kind bekommt eines der Fotos in die Hand und muss den Ort finden, der fotografiert wurde. Dabei kann der Vater für die kleinen Kinder größere Ausschnitte wählen und für die Großen auch nur mal ein Detail fotografieren. Immer wenn das Kind das entsprechende Motiv gefunden hat, bekommt es ein neues Bild zum Suchen. Der Vater kann an den entsprechenden Stellen Bonbons oder Puzzleteile hinterlegen. Die Bonbons dienen der Wegzehrung und das Puzzle können Vater und Kind im Anschluss gemeinsam legen, nachdem sie alle Teile gefunden haben.

Diese Idee lässt sich auch an Geburtstagen gut mit mehreren Kindern umsetzen. Auch für Gruppen mit einer großen Altersspanne ist dieses Spiel geeignet.

Papa, das ist eklig!

Haptische Wahrnehmung beschreibt das Fühlen mit den Händen. Es gibt Materialien, die sind haptisch angenehm, zum Beispiel Samt. Kinder müssen im Laufe ihrer ersten Jahre erst einmal mit Materialien experimentieren, damit sie entscheiden können, was sie gerne anfassen und was nicht.

Mitspieler/innen: 1 Erwachsener und mindestens ein Kind
Alter: ab 2 Jahren
Zeit: 5 Minuten
Material: für jedes Kind ein Schuhkarton, buntes Papier, Klebstoff, Farben

Das Kind und der Vater gestalten sich jeweils einen Karton so, wie sie das möchten. Wenn beide damit fertig sind, dann gehen sich gemeinsam mit der Kiste in den Wald, durch den Park oder einfach in den Garten. Dort suchen sie Dinge, die sie besonders gerne anfassen, oder auch, was sie ganz eklig finden. Alles wird in die Kiste gepackt. Danach können im Kinderzimmer oder in der Bastelschublade sicher noch einige Schätze gefunden werden. Wenn die beiden eine Sammlung zusammengestellt haben, setzen sie sich zusammen und befühlen die eigenen und fremden Sachen gemeinsam. Dabei können sie sich austauschen über ihre Vorlieben und Abneigungen.

Verblüffend, wie unterschiedlich Erwachsene und Kinder empfinden, wenn es darum geht, unterschiedliches Material anzufassen.

Wer hat gesehen?

Auch im folgenden Spiel werden die Kinder angeregt, mit offenen Augen ihre Umgebung wahrzunehmen und auf die Details zu achten. Das ermöglicht ihnen, wenn sie allein unterwegs sind, Gefahren besser einzuschätzen, da sie ihre Umgebung auch mit eventuellen Veränderungen wahrzunehmen lernen.

Mitspieler/innen: 1 Erwachsener und mindestens ein Kind
Alter: ab 2 Jahren
Zeit: 5 Minuten
Material: keines

Wenn Vater und Kind unterwegs sind, macht der Vater das Kind immer wieder auf bestimmte Dinge aufmerksam. Nach einiger Zeit beginnt er, dem Kind Fragen zu stellen. Zum Beispiel: Was waren das für Blumen auf der Wiese? Oder: Weißt du noch, welche Farbe die Hose vom Bäcker hatte? Die Aufmerksamkeit des Kindes wird dabei erhöht und in kurzer Zeit kann es sicher auch eigene Fragen stellen.

Vor allem im Urlaub ist dies ein bewährtes Spiel, um das Erlebte immer wieder besprechbar zu machen.

Spielereien mit Streichhölzern

Wenn Sie Ihr Kind den Umgang mit Feuer erleben lassen, dann braucht es nicht heimlich damit unvorbereitet Experimente zu machen.

Feuer übt auf Kinder eine große Faszination aus. Früher oder später werden sie versuchen, ihre eigenen Experimente damit zu machen. Deshalb ist es besser, ihnen den sicheren Umgang damit früh beizubringen, damit nichts passieren kann. Natürlich trainieren die Kinder im Umgang mit den Streichhölzern ihre Feinmotorik, was ihre Bewegungen sicherer werden lässt. Sie lernen dabei auch, sich an Regeln zu halten und eine

Situation als Ganzes zu erfassen. Dies gilt für alle folgenden Spiele, bei denen die Kinder den Umgang mit dem Feuer lernen.

Mitspieler/innen: 1 Erwachsener und mindestens ein Kind
Alter: ab 3 Jahren
Zeit: 10 Minuten
Material: eine Schachtel Streichhölzer, eine Kerze, eine Schale mit Wasser, in der Nähe ein Eimer mit Wasser
Ort: im Freien oder auf dem Tisch

Das Kind bekommt eine angezündete Kerze. Im Freien ist es möglich, sie im Sand ein Stück einzugraben. Der Vorteil des Sandkasten ist, dass da nichts weiter anbrennen kann!
An dieser Kerze soll das Kind nach und nach seine Streichhölzer anzünden und sie anschließend in die Schale mit Wasser werfen. Im zweiten Schritt versucht das Kind, das Streichholz selbst auszublasen.

Anschließend zündet das Kind das Streichholz an und sein Vater bläst es aus.

Sind die Kinder darin einigermaßen sicher, kann Wettzünden stattfinden. Der Vater gibt das Startzeichen und das Kind versucht, in einer Minute so viele Streichhölzer wie möglich anzuzünden und sie auszublasen. Nun wird gezählt, wie viele es hat anzünden können.

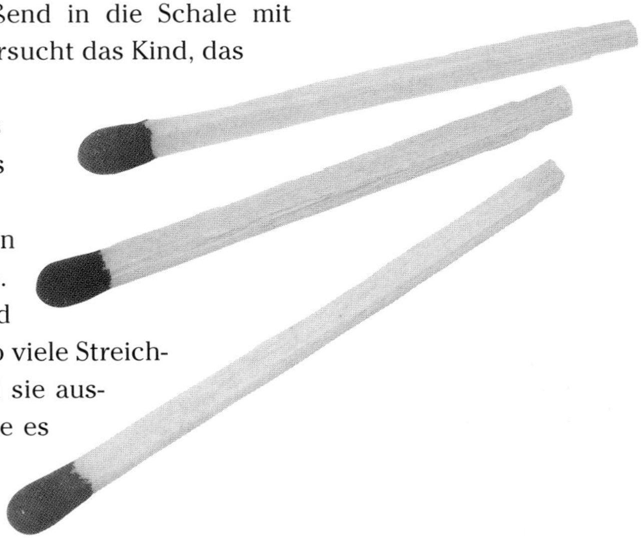

Im Feuerland

Mitspieler/innen: 1 Erwachsener und mindestens ein Kind
Alter: ab 3 Jahren
Zeit: 10 Minuten
Material: eine Schachtel Streichhölzer, eine Kerze

Das Kind sitzt und beginnt, das Streichholz an der Schachtel zu entzünden. Dann hält es das Streichholz dem Vater neben sich hin und lässt es von ihm ausblasen. Der Vater bekommt nun die Schachtel und zündet ein Streichholz an, welches das Kind ausbläst.

Klappt es ganz gut mit dem Anzünden an einer Schachtel, versucht das Kind nach und nach, mit diesem Streichholz eine Kerze zu entflammen. Brennt diese, wird zuerst das Holz, dann die Kerze ausgeblasen.

Jedes Mal, wenn das Kind die Aufgabe bewältigt hat, klatscht der Vater laut Beifall.

Sind die Kinder mit dem Streichholz sicher, wird dieses und das vorherige Spiel mit einem Feuerzeug wiederholt.

Die Kinder können auch überall entzündbare Streichhölzer bekommen und ausprobieren, an welchem Material sie sich entzünden lassen und an welchem nicht. Diese Streichhölzer erhält man in Tabakgeschäften.

Für Papa ein Feuerwerk

Mitspieler/innen: 1 Erwachsener und mindestens ein Kind
Alter: ab 3 Jahren
Zeit: 10 Minuten
Material: eine Schachtel Streichhölzer, eine Kerze

Das Kind und der Vater stapeln die Streichhölzer zu einem Turm aufeinander. Dabei achten sie darauf, dass die Zündköpfe alle auf einer Seite liegen. Ist der Turm hoch genug oder sind alle Streichhölzer aufgebraucht, zünden sie das oberste Streichholz im Turm an. Wie ein Lauffeuer entzünden sich nun nach und nach die Streichhölzer und stecken den ganzen Turm in Brand. Für die Kinder ist es ein faszinierendes Schauspiel, bei dem in einem Gespräch danach erklärt werden kann, wie sich ein Feuer ausbreitet und warum es deshalb gefährlich ist, allein zu zündeln, ohne dass jemand dabei ist, der darauf achtet, dass nichts passiert.

Raketen zum Selberbauen

Mitspieler/innen: 1 Erwachsener und mindestens ein Kind
Alter: ab 3 Jahren
Zeit: 5 Minuten
Material: eine Schachtel Streichhölzer, Papierservietten, ein Teller

Das Kind und der Vater falten jeweils eine Papierserviette auseinander. Dann wickeln sie eine Röhre daraus, die an einem Ende zusammengedreht wird. Das ist eine Rakete. Sie wird auf einen Teller gestellt und an dem oberen zusammengedrehten Ende angezündet. Durch die heiße Luft, die oben entsteht, beginnt die Rakete nach oben zu schweben. Sie brennt sie langsam ab und die Asche fällt dann zu Boden. Im Zimmer kann diese Asche mit dem Teller leicht aufgefangen werden.

Auch für Erwachsene immer wieder faszinierend, wie die „Rakete" in die Luft steigt.

Papas Premiere

Haben Sie schon einmal auf einem Baum gefrühstückt? Es ist ein wunderschönes Erlebnis und fordert die eigene Geschicklichkeit genauso heraus wie die der Kinder. Dabei ist es Abenteuer pur und Ihr Kind wird sicher noch lange von diesem Tag schwärmen. Dabei wird es sicher beim Essen genau darauf achten, dass es den Blick von oben genießen kann und nicht herunterfällt.

Mitspieler/innen: 1 Erwachsener und mindestens ein Kind
Alter: ab 4 Jahren
Zeit: 20 Minuten
Material: ein Baum mit vielen Ästen, Essen und Trinken für Vater und Kind, Rucksäcke

Der Vater sucht mit dem Kind im Wald einen geeigneten Baum. Sie klettern auf diesen und suchen sich bequeme Plätze. Sprechen Sie mit dem Kind ab, wie hoch Sie sich gemeinsam trauen und seien Sie nicht zu ängstlich. Ihr Kind hat ein gutes Gespür dafür, was es schon kann. Hier packen Sie aus den Rucksäcken Ihre Mahlzeit aus und lassen es sich gut schmecken. Ein Ausflug, von dem sicher nicht nur das Kind in späteren Zeiten schwärmen wird.

Hat Papa gemacht

Klettern ist für Kinder wichtig. Zum einen erwerben sie dabei ein großes Selbstvertrauen und zum anderen lernen sie, ihre Kräfte richtig einzusetzen und mit einer Technik zu verbinden. Kinder ab circa dem vierten Lebensjahr fangen an zu begreifen, dass ein Sturz sehr gefährlich werden kann. Deshalb haben viele Kinder eine Phase, in der sie ängstlicher sind als in der Zeit davor. Das gibt Ihnen ein sicheres Zeichen, dass Ihr Kind mit den eigenen Grenzen verantwortungsvoll umzugehen beginnt.

Mitspieler/innen: 1 Erwachsener und mindestens ein Kind
Alter: ab 4 Jahren
Zeit: 15 Minuten
Material: stabile Seile, die zwischen zwei Bäume gespannt sind

Mehrere Seile werden miteinander wie ein Spinnennetz verknotet und zwischen zwei Bäumen aufgehängt. Nun kann das Kind an den Seilen hangeln oder klettern.

Vielleicht versucht es, über das Netz zu klettern, also ganz hoch hinaus, über das oberste Seil und auf der anderen Seite hinunter.

Oder aber es versucht, durch alle „Löcher" zu schlüpfen, als wäre es ein Slalom im Netz.

Die Strickleiter

Da lernt Groß und Klein, im Körper Spannung aufzubauen, damit die Leiter nicht so wackelt.

Im Unterschied zu einer starren Leiter lernt ein Kind beim Klettern auf der Strickleiter, dass es mit der Bewegung der Leiter mitgehen und eine bestimmte Körperspannung erhalten muss, um weiterzukommen. Für viele, vor allem sportliche Betätigungen ist Körperspannung sehr wichtig. Aber auch bei Bewegungsspielen ist häufig ein Anspannen und Entspannen von bestimmten Muskelpartien notwendig.

Mitspieler/innen: 1 Erwachsener und mindestens ein Kind
Alter: ab 4 Jahren

Zeit: 10 Minuten
Material: eine Strickleiter

Der Vater hängt an einen stabilen Ast eine Strickleiter und befestigt sie sicher. Das Kind experimentiert zuerst allein. Am Anfang ist es gut, wenn der Vater die Leiter ein wenig festhält. Nach und nach gewöhnt sich das Kind an das Schaukeln und gewinnt Sicherheit.

Dann können Vater und Kind gemeinsam nach oben gehen. Sie müssen ihre Bewegungen dabei koordinieren. Durch die Sprossen haben sie Sichtkontakt, sodass beide immer in Verbindung bleiben können.

Wer will fleißige Handwerker sehn?

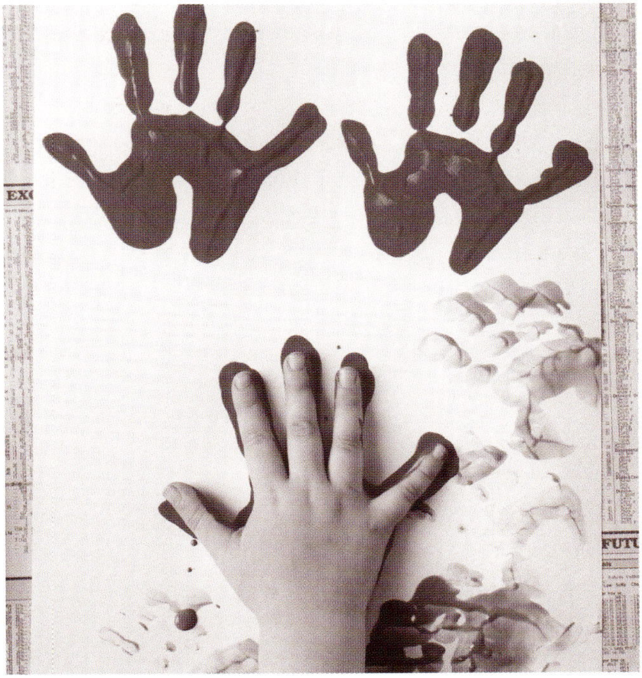

Beziehen Sie Ihr Kind in die alltäglichen Arbeiten mit ein, es kann Ihnen an vielen Stellen helfen und gleichzeitig Zeit mit Ihnen gemeinsam sinnvoll gestalten.

Spiele rund um das Gestalten

In diesem Kapitel geht es in erster Linie um das Gestalten. Sie sollten dabei ihrem Kind möglichst viel zutrauen und es auch in Ihre handwerklichen Aktivitäten einbeziehen. Sie müssen nicht immer etwas extra für Ihr Kind machen. Oft reicht es, wenn es zusehen kann und Ihnen dabei mit einigen Handgriffen helfen darf. Vom pädagogischen Standpunkt unterscheiden sich die Argumente nicht von denen, die ich im letzten Kapitel auf S. 84 in der Vorbemerkung genannt habe. Überprüfen Sie doch einmal, was Sie in nächster Zeit geplant haben und inwieweit Ihr Kind Sie dabei unterstützen kann. Im Folgenden werden einige kreative und handwerkliche Ideen zum Ausprobieren beschrieben.

Zauberbilder

Der eigenen kreativen Kraft trauen zu lernen ist ein wichtiges Thema für Kinder. Gerade vor der Schulzeit haben sie die Möglichkeit, unzensiert ihrer Fantasie freien Lauf zu lassen und ihr Selbstbewusstsein diesbezüglich zu stärken. Das Kind fördert dabei auch die Feinmotorik, was aber an dieser Stelle nicht so wichtig ist wie die Entwicklung einer gesunden Kreativität. Diese brauchen Menschen nicht nur, um sich gestalterisch gut auszudrücken, sondern auch um Probleme, die sich ihnen in den Weg stellen, zu lösen. Kreative Menschen sind bereit, neue Wege auszuprobieren, weil sie ihre Vorstellungskraft nutzen können, um eventuellen Schwierigkeiten Lösungen entgegenzusetzen.

Mitspieler/innen: 1 Erwachsener und mindestens ein Kind
Alter: ab 1,5 Jahren

Zeit: 5 Minuten
Material: eine Bienenwachskerze, festes Papier oder heller Karton, Wasserfarben, Becher mit Wasser und Pinsel

Das Kind malt mit der Kerze auf dem Papier. Die Kerze sollte etwa Raumtemperatur haben oder immer wieder kurz über eine brennende Kerze gehalten werden. Hat das Kind davon genug, nimmt es den Pinsel und malt das Papier bunt an. Dabei werden die Zeichnungen mit der Kerze wunderbar sichtbar. Der Vater kann aber auch für das Kind lustige Figuren auf das Papier vorzeichnen und das Kind erkennt sie erst, nachdem es mit Farbe darüber gefahren ist. Ein echtes Zauberpapier also.

Matschbild

Im Gestalten entwickelt sich ein Sinn für Ästhetik.

Die basale Förderung ist ein Begriff aus der Heilpädagogik. Sie beschreibt das Erleben von Materialien auf der Haut. Dies regt die Hautsinne an. Wenn Kinder mit Matsch arbeiten und dem noch Farbe hinzugeben können, wird ihr ästhetischer Sinn angeregt.

Mitspieler/innen: 1 Erwachsener und mindestens ein Kind
Alter: ab 1,5 Jahren
Zeit: 10 Minuten
Material: kleine Menge angerührter Kleister, Wasserfarben, Pinsel, Becher mit Wasser, Kamm und andere Utensilien, um Linien zu gestalten, dickes Papier oder Tapete

Das Kind streicht mit dem Pinsel oder – besser – mit den Händen das Papier mit dem Kleister ein. Anschließend kommen Wasser oder Fingerfarben darauf. Möglichst bunt sollte das Bild werden. Nun nimmt das Kind wieder einen Finger und zieht Linien über das Papier. Das Muster bleibt beim Trocknen erhalten und ergibt schöne Effekte. Statt der Finger können auch Kämme oder anderes Material benutzt werden.

Farbenkugel

Mit Farben experimentieren und erfahren, wie sie sich verändern, können Kinder in diesem Spiel. Dabei sind sie meist mit großer Konzentration dabei und verfolgen die Veränderungen mit Spannung. Wenn dann das Gelb mit dem Blau zusammenläuft, wird es staunende Kinderaugen geben.

Den meisten Kindern macht es Spaß, richtig herumzumanschen. Sollte Ihr Kind keinen Spaß daran haben, akzeptieren Sie es. Wenn Sie selbst immer wieder mit der Farbe experimentieren, bekommt es auf Dauer vielleicht doch Lust, es einmal auszuprobieren.

Mitspieler/innen: 1 Erwachsener und mindestens ein Kind
Alter: ab 1,5 Jahren
Zeit: 5 Minuten
Material: der Deckel eines Schuhkartons, eine große Murmel, Wasserfarben, ein Becher mit Wasser, Pinsel, Papier

Das Papier wird vom Vater so geschnitten, dass es in den Deckel passt. Nun nimmt das Kind die Murmel und legt sie in eine Farbe, die es gerne benutzen möchte. Die Farbe hat es vorher mit dem Pinsel ein wenig nass gemacht. Wenn die Murmel Farbe angenommen hat, wird sie in den Deckel gelegt. Sie zieht nun Farbspuren, wenn der Karton bewegt wird. Immer wieder nimmt das Kind eine neue Farbe oder auch dieselbe, ganz wie es möchte. Am Ende ist es ein schönes Bild mit Linien und Punkten geworden.

Eine Kette für Papa und mich

Strohhalme schneiden sich leicht und das Kind kann dabei den sicheren Umgang mit einer Schere lernen. Beim anschließenden Fädeln wird die Feinmotorik trainiert, weil die Öffnung des Halmschnipsels so klein ist.

Mitspieler/innen: 1 Erwachsener und mindestens ein Kind
Alter: ab 2 Jahren
Zeit: 5 Minuten
Material: verschiedenfarbige Strohhalme, steife Nylonschnur, Schere

Das Kind schneidet die Strohhalme in Stücke, die ruhig unterschiedlich groß sein können. Sind genügend vorhanden, bindet der Vater ein Stück an das Ende der Schnur. Nun kann das Kind zuerst für sich und anschließend für die ganze Familie Ketten fädeln. Immer wieder schneiden und dann wieder fädeln, ganz wie das Kind möchte.

Ich schick dich auf den Mond!

Selbst gebasteltes Spielzeug ist das beste. Das Kind wird stolz auf sein Werk sein und das Selbstbewusstsein steigt, indem das Kind feststellt, es kann etwas herstellen, das funktioniert. Da es dabei an so vielen Stellen seiner Kreativität freien Lauf lassen kann, macht es doppelt so viel Spaß.

Mit der Mondrakete ist es möglich, einen ganzen Nachmittag in einer Spacewelt zu versinken und vom Basteln direkt in das Rollenspiel überzugehen.

Mitspieler/innen: 1 Erwachsener und mindestens ein Kind
Alter: ab 2 Jahren
Zeit: 5 Minuten

Material: eine leere Klopapierrolle, eine leere Faxrolle oder Küchenpapierrolle, Klebstoff, Farben, Papier, Schere, Einmachgummi

Die dünnere Rolle vom Faxgerät oder von den Papiertüchern wird die Rakete. Sie wird von dem Kind mit Farben bunt angemalt. Dann bastelt das Kind mithilfe des Vaters eine Spitze. Vielleicht gibt es noch ein Stück Karton, mit der diese verstärkt werden kann.

Die Klopapierrolle wird die Abschussrampe. Das Kind malt diese auch bunt an. Nun wird der Gummi aufgeschnitten und im unteren Drittel der Abschussrampe in zwei Löchern verknotet. Wenn das Kind die Rakete in die Abschussrampe steckt und sie etwas nach hinten zieht, kann die Rakete ihren ersten Flug wagen.

Vater und Kind können sich eine Raumlandschaft gestalten. Mit Kissen und Tüchern. Dann können sie versuchen, die Rakete auf dem vereinbarten Planeten landen zu lassen und das Spiel beginnt.

Rußbilder

Kinder staunen immer wieder, wenn sie neue Phänomene entdecken. So wird das Kind sicher auch hier einmal große Augen machen. Aus Margarine wird Ruß, mit dem es malen kann.

Mitspieler/innen: 1 Erwachsener und mindestens ein Kind
Alter: ab 3 Jahren
Zeit: 10 Minuten
Material: eine Schale mit Sand oder Wasser, flüssiges Wachs, Löffel mit Plastikgriff, eine Kerze, Streichhölzer

Auf die Unterseite des Tellers wird ein wenig Margarine geschmiert. Das Kind zünden nun die Kerzen an und hält die Unterseite des Tellers über die Flamme. Wenn er warm wird, macht das Kind eine Pause, bis er wieder abgekühlt ist. Mit der Zeit bildet sich auf der Unterseite eine Rußschicht. Das Kind kann sich und dem Vater damit eine Friedensbemalung in das Gesicht zeichnen. Oder sie nehmen einen Korken und drucken ein Bild aus lauter runden Rußflecken. Um das Bild zu schützen, wird es am Ende mit einem billigen Haarspray oder einem farblosen Lack besprüht.

Wenn die Kinder nicht nur runde Stempelvorlagen haben möchten, können sie aus halben Kartoffeln mit Messer andere Formen schnitzen.

Wachsorakel

Das Wachsorakel, ist neben der Erfahrung, mit Feuer sicher umzugehen und sich selbst vor Verbrennungen zu schützen, vor allem toll, weil es einfach lustig ist und das Kind mit dem Vater gemeinsam Spaß haben kann.

Mitspieler/innen: 1 Erwachsener und mindestens ein Kind
Alter: ab 3 Jahren
Zeit: 10 Minuten
Material: eine Schale mit Sand oder Wasser, flüssiges Wachs, ein alter Löffel mit Holz- oder Plastikgriff, eine Kerze, Streichhölzer

Das Kind und der Vater erhalten ein Stück Wachs, einen Löffel, eine Schale mit Sand oder Wasser, eine Kerze und Streichhölzer. Es zündet die Kerze an und legt ein Wachsstück auf den Löffel. Diesen Löffel hält es nun über die Flamme und es wartet, bis das Wachs flüssig ist. Dann schüttet es das Wachs in das Wasser. Es erstarrt sofort. Die unförmigen Gestalten, die dabei entstehen, können von den beiden gedeutet werden. Nachdem sie sich die Wachsorakel angeschaut haben, können diese in ein selbst gebautes Regal aus den Schubladen der Streichholzschachteln gelegt werden. Das ist dann die Orakelausstellung.

Wachsornamente

Kerzen kann das Kind nicht nur anzünden, sondern damit kann auch gebastelt werden. Auch hier lernt das Kind wieder, mit der Gefahr von Feuer umzugehen und sowohl die Sicherheit als auch die Kreativität und den Spaß im Auge zu behalten.

Mitspieler/innen: 1 Erwachsener und mindestens ein Kind
Alter: ab 2 Jahren
Zeit: 15 Minuten
Material: eine Schüssel mit ganz kaltem Wasser, verschiedenfarbige Kerzen, Nadel, Bindfaden, Messer, Streichhölzer

Das Kind und der Vater zünden jeweils eine Kerze an und lassen das Wachs auf das Wasser tropfen. Nach und nach nehmen sie unterschiedliche Farben und bilden damit auf der Wasseroberfläche verschiedene Muster. Ist die Oberfläche des Wassers ganz mit Wachs zugetropft, nehmen sie das Messer und lösen das Wachs damit vorsichtig am Rand ab. Mit einer Nadel wird ein Loch in das Wachs gestochen und ein Bindfaden dadurch gezogen. Nun kann das Wachsornament aufgehängt werden. Ob als Mobile oder einzeln am Fenster – beides sieht schön aus.

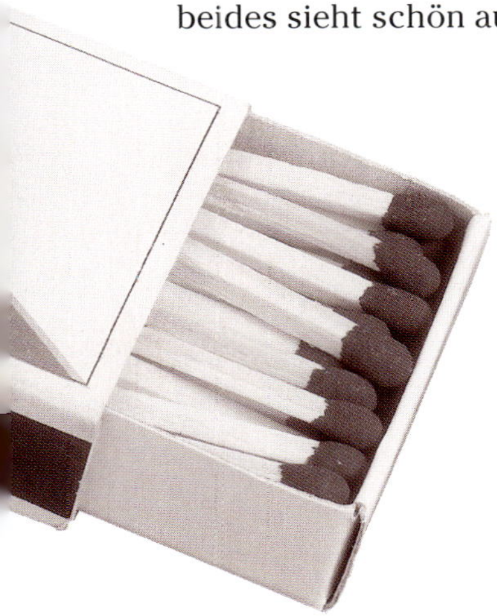

Papas Hand und mein Fuß

Fußbilder sind nicht nur eine bleibende Erinnerung, sie ermöglichen dem Kind auch, ganz neue Erfahrungen mit einem bis dahin unbekannten Material zu machen und damit zu experimentieren.

Mitspieler/innen: 1 Erwachsener und mindestens ein Kind
Alter: ab 2 Jahren
Zeit: 30 Minuten
Material: mehrere Schuhkartons, Gipsmasse, Wasserfarben mit Zubehör, Klarlack, Alufolie, eine fette Creme wie Vaseline oder Ähnliches.

Das Kind und der Vater rühren die Gipsmasse gemeinsam an. Der Karton ist mit der Alufolie ausgelegt worden. Nun wird in den ersten Schuhkarton ungefähr 3 Zentimeter Gips eingefüllt. Der Fuß des Kindes wird mit einer fetten Creme eingerieben. Wenn der Gips etwas angezogen hat, tritt das Kind kurz hinein und hinterlässt dort seinen Abdruck. Nun ist der Vater mit seiner Hand an der Reihe. Natürlich können damit alle Familienmitglieder ihre Abdrücke hinterlassen. Wenn der Gips trocken ist, wird er aus dem Karton genommen. Nun kann das Kind die Abdrücke anmalen. Schön ist, es wenn die Platten auf der Terrasse oder im Garten ihren Platz finden. Sind sie angemalt, sollte die Farbe allerdings mit Klarlack gegen den Regen geschützt werden.

Fuß- und Handbilder sind eine bleibende Erinnerung an den Größenunterschied von Kind und Vater, als das Kind noch klein war.

Treppenkugelbahn

Das Treppenhaus wird oft nur benutzt, um in ein anderes Stockwerk zu gelangen. Dabei kann es eine so schöne Spielfläche sein. Kinder lieben Kugelbahnen und sind immer wieder von diesem Spiel fasziniert. Umso begeisterter werden sie sein, eine große Kugelbahn mit dem Vater gemeinsam im Treppenhaus zu bauen und dabei alles, was sie bereits können, mit einzubringen.

Mitspieler/innen: 1 Erwachsener und mindestens ein Kind
Alter: ab 3 Jahren
Zeit: 5 Minuten
Material: ganz viele Papierrollen, Klebestreifen, Schnur, Schere, Murmeln

Im Treppenhaus werden von ganz oben die Rollen ineinander gesteckt und verklebt oder verbunden. Dazu muss immer in die obere Rolle ein kleiner Schnitt gemacht werden. Nun lässt sie sich zusammendrücken und in die nächste Rolle schieben. Es ist wichtig, dass immer die obere Rolle den Schnitt erhält, weil sonst die Murmeln hängen bleiben. Die Bahn wird nun nach und nach verlängert, bis sie nach unten reicht. Das kann schon ein paar Tage dauern, da den Kindern vielleicht die Geduld ausgeht und sie erst einmal ein Teilstück ausprobieren wollen. Sie können dann versuchen, genauso schnell oder sogar noch schneller als die Murmel zu sein.

Burg bauen

Die Burg ist eine gute Übung für das gemeinsame Arbeiten am im Anschluss beschrieben Baumhaus. Ein wenig lernt das Kind bereits, wie weit es bei einem solchem Vorhaben vorplanen muss und dass es sich lohnt, sorgfältig zu arbeiten.

Mitspieler/innen: 1 Erwachsener und mindestens ein Kind
Alter: ab 3 Jahren
Zeit: über einen Tag verteilt
Material: Kisten, Leitern, Kartons, Schnüre, Klebeband, Bretter, Balken und was das Materiallager sonst noch hergibt

Das Kind soll aus dem vorhandenen Material eine Burg bauen, die begeh- und bespielbar ist. Dafür darf es Material verwenden und hat dabei die tatkräftige Unterstützung von seinem Vater. Türme, Gänge und ein Sitzungssaal – alles, was das Kind sich wünscht, wird versucht zu realisieren. Der Vater unterstützt das Kind, aber es ist selbst der Bauherr. Das bedeutet Geduld bewahren. Denn es kann durchaus sein, dass er bereits im Voraus weiß, wenn etwas schief gehen wird. Das Kind soll aber genau durch diesen Irrtum selbst zu einer guten Lösung kommen. So kann es zum Schluss mit Stolz sagen, dass es die Burg gebaut hat und der Vater nur der Helfer war.

Baumhaus bauen

Bei so einem Bau hat das Kind viele Möglichkeiten, die eigene Geschicklichkeit zu erproben und zu erweitern, wenn der Vater ihm den Raum und die Zeit dazu lässt. Deshalb sollten Sie sich Zeit nehmen. Ein Baumhaus muss nicht am ersten Wochenende fertig sein. Lassen Sie dem Kind Zeit, die Ideen zu entwickeln, und greifen Sie auch nicht immer gleich ein. Auch wenn Sie sehen, dass es so, wie das Kind es versucht, nicht geht, lassen Sie Ihrem Kind einmal die Erfahrung. Je mehr das Kind selbst am Bau beteiligt ist, umso mehr wird es dieses Baumhaus lieben und bespielen.

Mitspieler/innen: 1 Erwachsener und mindestens ein Kind
Alter: ab 4 Jahren
Zeit: ein paar Tage

Material: Holz, Schnüre, Nägel, Hammer, Sägen, eine Leiter und Sonstiges, was Kinder und Väter zum Baumhausbau brauchen, wie etwas zum Trinken und Essen

Das Kind und der Vater entwerfen erst einmal das Baumhaus. Am besten malen sie ein Bild von ihrem Baumhaus. Sie achten dabei darauf, dass das Bild realistisch ist, da sie es anschließend bauen wollen.

Nun überlegen sie gemeinsam, wie sie vorgehen wollen. Schritt für Schritt – und der Vater unterstützt da, wo es nötig ist.

Sie überlegen auch, welches Material sie zu welchem Zeitpunkt brauchen und was sie noch besorgen müssen. Dann geht es los mit der Arbeit. Ist das Baumhaus fertig, gibt es ein großes Einweihungsfest! Vielleicht ist das Haus sogar groß genug, dass Vater und Kind nach dem Einweihungsfest darin schlafen.

Oh, wie ist das Wasser nass!

Wenn Sie mit Kindern in der Sonne mit Wasser spielen, ist die Gefahr besonders groß, einen Sonnenbrand zu bekommen. Deshalb ist es wichtig, Ihr Kind eine halbe Stunde vor dem Spielen in der Sonne einzucremen. Ist die Zeit des Schutzes vorbei, nützt ein zweites Cremen nichts – die Haut braucht Zeit, sich zu regenerieren.

Spiele mit Wasser, Matsch und Farbe

Spiel im, am und mit dem nassen Element fasziniert Kinder in besonderer Weise. An heißen Tagen gibt es für die Kleinen und für viele Große nichts Schöneres, als sich mit kühlem Wasser zu erfrischen. So sind in diesem Kapitel viele Spielideen mit Wasser, am Wasser oder im Wasser, die Spaß machen.

Darüber hinaus gibt es Spielideen mit Sand, Schlamm und Farbe, die es den Kindern ermöglichen, einmal mit ihren Vätern so richtig zu matschen und ihre Welt bunt zu gestalten.

Spiele mit Wasser nehmen Kindern nicht nur die Angst vor dem Wasser und fördern damit die Schwimmfähigkeiten der Kinder, sondern sie machen auch den ganzen Körper erfahrbar. Matsch und Farbe lassen Kinder und Väter die Haut so deutlich spüren wie selten. Die Kinder werden sich noch ein Stück mehr ihrer selbst bewusst.

Wie ein Fisch im Wasser

Wenn der Sommer da ist, freuen sich die Kinder auf das Planschbecken im Garten – da kennt das Badevergnügen keine Grenzen. Wie wäre es mit einem Fest für Ihr Kind, mit dem der Sommer begrüßt wird?

Die Spiele auf den folgenden Seiten gehören zur Geschichte rund um ein Planschbecken für 4 bis 8 Kinder von 3 bis 8 Jahren. Bei mehr als 5 Kindern braucht man ein Planschbecken, das mindestens 3 m Durchmesser hat.

Die Einladung

Mitspieler/innen: mindestens ein Kind
Alter: ab 3 Jahren
Zeit: 5 Minuten
Material: pro Kind ein Briefumschlag, Buntpapier, dünner Karton, Klebstoff, Scheren

Von einem Briefumschlag im DIN-A6-Format wird der hintere Teil mit circa 1 cm Rand herausgeschnitten. Die Innenseite des vorderen Blattes wird mit blauem Buntpapier beklebt. Dieses kann auch mit Wasserfarbe in verschiedenen Blautönen selbst gemalt sein. Nun schneiden die Kinder verschiedene Gewächse und ein paar kleine und große Fische, Muscheln und andere Wasserlebewesen aus dem Buntpapier aus. Die kleineren Teile werden mit Klebstoff festgeklebt. Ein paar

Pflanzen sollten jedoch nur am unteren Rand angeklebt sein, damit die Fische dahinter versteckt werden können.

Auf die größeren Fische oder auch auf einen Wassermann können die Informationen, welche die geladenen Gäste brauchen, geschrieben werden. Sie werden an dünne Steifen Karton geklebt. Diese Streifen werden nun durch seitliche Schlitze im Kuvert gezogen. Damit können die Fische in dem Aquarium bewegt werden. Zum Schluss kleben die Kinder noch ein Butterbrotpapier an den 1 cm großen Rand, den sie am Anfang auf der Rückseite haben stehen lassen.

Das Aquarium ist fertig und versteckt hinter den Pflanzen alle wichtigen Informationen, so kann es den eingeladenen Kindern überreicht werden.

Dekoration

Mitspieler/innen: mindestens ein Kind
Alter: ab 3 Jahren
Zeit: 25 Minuten
Material: Planschbecken, Buntpapier, Klebestreifen, Wolle, Schere, blaue Müllsäcke

Die passende Atmosphäre kann durch eine hübsche Dekoration hergestellt werden.

Bei einem Fest wird die Stimmung besonders gut, wenn der Raum, in dem es stattfindet, schön dekoriert ist. Auch der Garten kann dem Festthema entsprechend gestaltet werden.

Dazu werden im Garten überall aus Buntpapier ausgeschnittene Fische aufgehängt. Wer will, kann mit einigen aufgeschnittenen blauen Müllsäcken Wasser darstellen, vor dem die Fische hängen.

Eine Schnur, an der verschiedene Leckereien gebunden sind, nach denen die kleinen zweibeinigen „Fische" zur Stärkung schnappen können, erfreut sich besonderer Beliebtheit.

Zum Beispiel die schwankenden Elbkiesel: Elbkiesel sind leckere Bonbons, die wie Kiesel gefärbt sind. Diese werden mit einer dicken Nadel durchbohrt und aufgefädelt. Die Leine wird zwischen zwei Bäumen oder Ständern so hoch gespannt, dass die Kinder schon auf die Zehenspitzen müssen, um sie mit dem Mund zu erreichen.

Darum geht es nämlich: die Kiesel von der Leine herunterzumampfen, ohne die Hände einzusetzen. Wer in dieser Art einen Kiesel vollständig aufgegessen hat, der darf sich den nächsten suchen. Es sollten immer doppelt so viele Elbkiesel an der Leine hängen, wie hungrige Mäuler in einer Runde nach ihnen schnappen.

Glitzernde Verwandlung in einen Fisch

Mitspieler/innen: mindestens ein Kind
Alter: ab 3 Jahren
Zeit: 10 Minuten
Material: glitzernde Stoffe und Perlenketten

Verkleiden macht Kindern immer Spaß.

Wenn die Kinder zum Fest kommen, ziehen sie sich zuerst ihre Badehose an. Die Kleidung wird sicher verstaut. Nun stehen den Kindern viele verschiedene Glitzerstoffe zur Verfügung, aus denen sie sich Flossen schneiden und an den Badehosen befestigen können. Der Vater hilft den Kindern dabei. Die kleinen Fische werden nun in ihr Aquarium (Planschbecken) gesteckt.

Der Vater erzählt, dass es heute darum geht, sich einmal wie ein Fisch im Wasser zu fühlen. Dabei spielen die Kinder unterschiedliche Spiele und versuchen sich vorzustellen, was denn eigentlich ein Fisch im Aquarium so alles erleben und sehen kann.

Doch zunächst sollten sich die Fischneulinge mit dem Element Wasser vertraut machen und einmal richtig kräftig planschen. Wenn die Kinder so richtig vertieft sind, beginnt die:

Waschlappenschlacht

Mitspieler/innen: drei und mehr
Alter: ab 3 Jahren
Zeit: 5 Minuten
Material: Planschbecken, für jedes Kind mindestens ein Waschlappen

Der Vater beginnt damit, die Kinder mit nassen Waschlappen zu bewerfen. Nach und nach zieht er sich zurück und überlässt die Kinder ihrem eigenen Toben.

Blubberkonzert

Nachdem sich alle ausgetobt haben, setzen sich die Fische ins Wasser und geben ein Blubberkonzert.

Mitspieler/innen: mindestens ein Kind
Alter: ab 3 Jahren
Zeit: 5 Minuten
Material: Planschbecken

Die Kinder sitzen im Planschbecken und versuchen möglichst viele, ganz unterschiedliche Geräusche mit dem Mund, mit der Hand und mit den Füßen im Wasser zu machen. Zuerst probieren die Kinder einfach aus. Nach einer Weile werden die Kinder aufgefordert, sich für ein Geräusch zu entscheiden.

Nun zeigen sie sich gegenseitig ihr Lieblingsgeräusch. Gemeinsam mithilfe des Vaters veranstalten die Kinder nun ein Blubberkonzert der Fische.

Dabei können die Kinder mit den Händen einen Takt an den Beckenrand klatschen.

Ein paar Kinder können bis zu den Ohren unter Wasser gehen, da hört sich das Blubberkonzert gleich nochmal ganz anders an.

Das Konzert hatte viele Wassertiere angelockt, aber wenn die Kinder genau hinschauen, werden sie feststellen, es haben sich auch ein paar ganz komische Fische eingeschlichen!

Alle Vögel fliegen hoch, alle Fische schwimmen tief

Mitspieler/innen: zwei und mehr
Alter: ab 3 Jahren
Zeit: 5 Minuten
Material: Planschbecken

Wer weiß, was schwimmt und was untergeht?

Die Kinder und der Vater sitzen im Planschbecken. Nun nennt der Vater ein Tier oder einen Gegenstand und die Kinder zeigen mit den Händen, ob das Tier schwimmen kann oder ob es taucht. Schwimmt es, halten die Kinder die Arme waagerecht nach vorn und legen sie auf das Wasser, taucht es, dann gehen die Hände unter das Wasser. Kann es nicht schwimmen und geht unter, dann planschen die Kinder mit ihren Händen so wild, als ob sie selbst versuchen würden, sich zu retten.

Es scheint die Fremdlinge nicht zu stören, dass sie entdeckt wurden, denn sie sind immer noch da! Die wollen wohl von den Kindern fortgetragen werden? Da aber Fische nur im Wasser Luft bekommen, ist das sehr, sehr schwierig.

Planschbecken säubern

Mitspieler/innen: mindestens ein Kind
Alter: ab 3 Jahren
Zeit: 5 Minuten
Material: Planschbecken, verschiedene Gegenstände

Der Vater wirft einige Gegenstände ins Planschbecken. In einigen Metern Entfernung steht ein großer Korb. Die Kinder sollen nun die Gegenstände, die im Planschbecken liegen, aus dem Wasser holen und in den Korb werfen. Allerdings dürfen sie nur im Planschbecken atmen.

Sie müssen also tief Luft holen und dann immer laut „lolololo…" sagen. Wer nämlich „lolololo…" sagt, kann dabei auf keinen Fall einatmen. Wer schafft denn so die ganze Strecke?

Apfelessen

Puh, das war anstrengend, jetzt brauchen alle Kinder eine Stärkung.

Mitspieler/innen: mindestens ein Kind
Alter: ab 3 Jahren
Zeit: 5 Minuten
Material: Planschbecken, für jedes Kind ein Apfel

Für jedes Kind wird ein Apfel ins Wasser geworfen. Jedes Kind soll nun seinen Apfel essen, ohne dabei die Hände oder die Füße zu benutzen.

Glückspfennige

Manchmal kommen Menschen am Wasser vorbei, die glauben, Pfennige, die sie ins Wasser werfen, bringen ihnen Glück.

Mitspieler/innen: mindestens ein Kind
Alter: ab 3 Jahren
Zeit: 5 Minuten
Material: Planschbecken, für jedes Kind fünf Fünfpfennigstücke, Tassen

Die Kinder stellen die Tassen an verschiedene Stellen ins Planschbecken. Nun bekommt jedes Kind fünf Fünfpfennigstücke in die Hand. Die Kinder sollen die Münzen in die Tassen werfen. Wer die meisten in eine Tasse geworfen hat, ist Sieger und wird im nächsten Jahr bestimmt besonders oft Glück haben.

Wasserball

Auch Fische spielen gerne Spiele. Hier lernen die Kindern einmal eines davon.

Mitspieler/innen: mindestens ein Kind
Alter: ab 3 Jahren

Zeit: 5 Minuten
Material: Planschbecken, Tischtennisball

Zwei Kinder stehen sich im Planschbecken gegenüber und haben die Beine gespreizt; sie bilden das Tor.

Die Kinder teilen sich in zwei gleich große Gruppen und suchen sich eines der Tore aus, in das sie den Ball nachher pusten wollen. Der Tennisball schwimmt im Wasser, die Kinder verteilen sich um das Planschbecken herum. Nun versuchen beide Gruppen, den Ball in das Tor zu pusten, ohne die Hände dazu zu benutzen.

Ist der Ball in ein Tor geschwommen, darf das Kind im Wasser ausgewechselt werden und ein anderes kann sich als Tor ins Planschbecken stellen.

Mein eigenes Aquarium

Es ist schön, von einem Fest etwas Selbstgebasteltes mit nach Hause nehmen zu können.

Jeder hat seine eigenen Vorstellungen, wie ein Aquarium aussehen soll. Jetzt kann jedes Kind die seinigen verwirklichen.

Mitspieler/innen: mindestens ein Kind
Alter: ab 3 Jahren
Zeit: 5 Minuten
Material: Karton, Transparentpapier, blauer Bindfaden, Buntpapier, Klebstoff, Scheren

Aus einem Karton wird ein circa drei Zentimeter breiter Rahmen zweimal herausgeschnitten. Die Bildfläche wird mit blauem Transparentpapier auf einen der beiden Rahmen geklebt. An der oberen Seite können die Kinder an blauen Bindfäden verschiedene Fische hängen, die sie vorher aus dem bunten Papier ausgeschnitten haben. Dann werden Pflanzen aus grünem Buntpapier in das Aquarium geklebt. Anschließend wird der zweite Rahmen mit Kleber befestigt.

Wenn die Kinder dann abends zu Hause sind, hängen sie ihr Aquarium an ein Fenster. So kann es richtig wirken.

Fanglau

Nachdem die Kinder sich ihre Aquarien gegenseitig gezeigt haben, liegen sie sicher schon wieder im Wasser und fischeln vor sich hin. Danach wird ihnen der freche Goldfisch Fanglau vorgestellt.

Mitspieler/innen: vier und mehr
Alter: ab 3 Jahren
Zeit: 5 Minuten
Material: Planschbecken

Ein Kind legt sich ins Planschbecken. Es ist der freche Goldfisch Fanglau.

Die anderen Kinder versuchen, Fanglau zu ärgern, indem sie ihn berühren. Das lässt sich Fanglau natürlich nicht gefallen. Er versucht, die Kinder zu fangen, die ihn ärgern. Wer gefangen ist, muss nun selbst anstelle von Fanglau ins Wasser und sich berühren lassen. Es sei denn, das Kind schafft es bald, sich ablösen zu lassen.

Treffballon

Wilde Wasser gibt es für die Fische nicht nur bei einem heftigen Sturm, sondern auch bei ganz anderen Gelegenheiten.

Mitspieler/innen: drei und mehr
Alter: ab 3 Jahren
Zeit: 5 Minuten
Material: Planschbecken, viele Wasserballone

Wasserballone sind kleine Luftballone, die mit Wasser gefüllt und zugeknotet werden.

Ein Kind steht im Planschbecken, die anderen Kinder verteilen sich in zwei Meter Abstand drumherum. Sie haben die Wasserballone bei sich und versuchen, das Kind im Planschbecken zu treffen. Wer es trifft, darf sich selbst ins Becken stellen und das Kind dort ablösen.

Aktionen mit Wasserballonen machen Kindern besonders viel Spaß.

Das Kind in der Mitte darf alles tun, damit es nicht getroffen wird; allerdings muss es im Planschbecken bleiben.

Die Katze lässt das Fischen nicht

Und die letzte Warnung, die alle Kinder für das weitere Leben im Wasser bekommen, heißt: Vorsicht! Die Katze lässt das Fischen nicht!

Mitspieler/innen: drei bis acht
Alter: ab 3 Jahren
Zeit: 5 Minuten
Material: Planschbecken, für jedes Kind ein Stück Stoff

Jedes Kind im Becken bekommt ein Stück Stoff in die Badehose gesteckt. Ein Kind bekommt keines; es ist die Katze, die versucht, sich eine leckere Fischmahlzeit zu erobern.

Die Katze läuft immer um das Planschbecken und versucht, ein Stück Stoff zu erwischen. Das Kind, das ihn verloren hat, steigt aus dem Becken und wird Katze. Wenn das Becken leer ist, ist das Spiel zu Ende.

Vorschläge für das Fischessen

Nun haben sich alle tapferen Fischkinder ein gutes und reichhaltiges Aquariumdinner verdient.

Angeln: Immer zwei Kinder bekommen einen Stock mit einer Schnur. An diese „Angel" wird ein Würstchen gebunden. Ein Kind versucht nun, sich einen Fisch zu angeln, die Fische jedoch beißen den Köder nur ab. Wenn es einen Baum im Garten gibt, kann das Kind mit dem Stecken nach oben klettern oder aus dem ersten Stock des Hauses die Angel heben. Die Fische müssen dann hochspringen, um an den Köder zu kommen.

Fischerbrot: Sie können mit den Kindern eine Pizza backen. Nach dem Backen wird diese mit den Cräckerfischen verziert.

Fischerpudding: Es gibt Fischformen, in die ein leckerer Pudding oder auch ein Kuchenteig gefüllt werden kann. Er kann mit bunten „Schuppen" aus Smarties oder Ähnlichem verziert werden.

Kieselwasser: Zu trinken gibt es Kieselwasser. Dazu werden für 8 Kinder ein halber Liter Früchtetee und ein halber Liter

Pfefferminztee gemischt; in den kalten Tee kommt kurz vor dem Servieren weißer und brauner Kandisbruch. Das ist der Kiesel im Wasser. Wenn er kalt ist, wird das Ganze noch mit 1 Liter Apfel- und 1 Liter Kirschsaft gemischt.

Bevor die Kinder das Kieselwasser trinken, kommt ein großer Schuss gut gekühltes Mineralwasser hinzu. Natürlich muss eine Menge Kandiskiesel im Wasser sein.

Wenn es ganz besonders heiß ist und die Kinder es nicht so süß mögen, können die Kandiskiesel zum Teil durch bunte Steine ersetzt werden.

Bunte Steine werden aus verschiedenen Säften hergestellt, die in Eiswürfelbehältern eingefroren werden.

Richtig toll sieht es aus, wenn die Eiswürfel grob zerstoßen werden, bevor sie in das Kieselwasser kommen.

Den Kindern sollten immer genug Getränke zur Verfügung stehen, besonders an heißen Tagen, an denen sie sich viel bewegen und schwitzen.

Pyramide

Für die Tage nach dem Fest gibt es noch weitere Spiele, die den Kindern und Vätern Spaß machen.

Mitspieler/innen: mindestens ein Kind
Alter: ab 3 Jahren
Zeit: 5 Minuten
Material: viele Dosen, Wasser

Die Kinder füllen die Dosen mit Wasser. Nun versuchen sie, eine möglichst hohe Pyramide zu bauen. Dazu brauchen sie einen Stuhl oder sogar einen Tisch, um auf die entsprechende Höhe zu kommen. Fällt die Pyramide um, macht das nichts; die Kinder versuchen ihr Glück einfach noch einmal.

Treibjagd

Was ein Gartenschlauch bewegen kann, wird die Kinder faszinieren. Dabei brauchen sie viel Konzentration und auch ein wenig Kraft, um den Wasserstrahl in die richtige Richtung zu halten.

Mitspieler/innen: zwei Kinder und ein Erwachsener
Alter: ab 4 Jahren
Zeit: 10 Minuten
Material: zwei Wasserschläuche, eine Gummiente

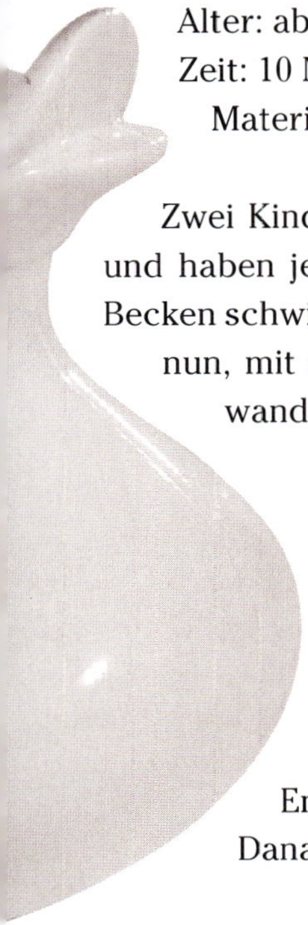

Zwei Kinder stehen sich am Planschbecken gegenüber und haben jeweils einen Wasserschlauch in der Hand. Im Becken schwimmt eine Gummiente. Beide Kinder versuchen nun, mit dem Wasserschlauch die Ente an die Beckenwand des anderen zu treiben.

Für die Variation brauchen die Kinder zwei Gummitiere. Dabei soll die eine Ente versuchen, die andere Ente zu fangen. Welche Ente bekommt die andere zuerst zu fassen?

Oder aber die Ente wird auf das Gras gesetzt. Der Vater nimmt eine Stoppuhr und misst die Zeit, die das Kind braucht, um die Ente über eine bestimmte Distanz zu bringen. Danach ist der Vater an der Reihe.

Der Regenmacher

Wo verstecken sich eigentlich die Tiere, wenn es regnet und sie nicht nass werden wollen?

Im nächsten Spiel können Väter und Kinder darüber viele Fantasien entwickeln. Gleichzeitig ist das Reaktionsvermögen gefragt.

Mitspieler/innen: der Vater und mindestens ein Kind
Alter: ab 2 Jahren
Zeit: 5 Minuten
Material: ein Wasserschlauch

Die Kinder legen sich auf den Boden und genießen die Sonne und den sanften Wind. Ein Kind ist der Regenmacher. Es nimmt den Schlauch, der nur ganz leicht aufgedreht ist, und hält mit einem Finger den Strahl so, dass das Wasser nur ein bisschen spritzt.

Nun ruft der Regenmacher „Vögel" und die Kinder versuchen, ganz schnell vor den Regentropfen zu flüchten. Sie suchen Zuflucht unter Bäumen und Sträuchern, wie es auch die Vögel tun. Ruft der Regenmacher „Mensch", laufen die Kinder unter den Sonnenschirm oder das Vordach des Hauses. „Fische" tauchen im Planschbecken unter und der „Hund" geht unter den Tisch. Vielleicht fallen den Kindern ja noch weitere Tiere und deren Verstecke ein.

Hindernisse

Geschicklichkeit ist bei den nächsten Spielen gefragt, sonst kann es ganz schön nass werden. Wenn es aber draußen heiß ist, kann das kein Kind und hoffentlich auch keinen Vater erschüttern.

Mitspieler/innen: zwei und mehr
Alter: ab 3 Jahren
Zeit: 5 Minuten
Material: leere Konservendosen, verschiedene Gegenstände, um einen Hindernisparcours aufzubauen

Ein nicht zu schwer begehbarer Parcours wird mit wenigen Hindernissen aufgebaut. Immer zwei Kinder spielen gemeinsam. Ein Kind hat eine mit Wasser gefüllte Dose in der Hand und schließt die Augen. Nun läuft es auf Anweisung seines Partners über den Parcours und versucht dabei, so wenig Wasser wie möglich zu verschütten.

Bemerkung: Die Spiele über einen Hindernisparcours können auch als Staffel in zwei Gruppen gespielt werden. Für die Kinder bedeutet es aber nicht unbedingt mehr Spielspaß, sodass hier die Konkurrenz nicht unbedingt aufgebaut werden muss.

Und nun allen Vätern und Kindern viel Spaß!